historia
inmediata

LO QUE PASA EN NICARAGUA

por
CLAUDIO TROBO

siglo
veintiuno
editores

MÉXICO
ESPAÑA
ARGENTINA
COLOMBIA

siglo veintiuno editores, sa
CERRO DEL AGUA 248, MEXICO 20, D.F.

siglo veintiuno de españa editores, sa
C/PLAZA 5, MADRID 33, ESPAÑA

siglo veintiuno argentina editores, sa

siglo veintiuno de colombia, ltda
AV. 3a. 17-73 PRIMER PISO, BOGOTA, D.E. COLOMBIA

portada de anhelo hernández

primera edición, 1983
© siglo xxi editores, s. a. de c. v.
ISBN 968-23-1266-3

impreso en editorial andrómeda, s. a.
av. año de juárez 226-local c-granjas san antonio
del. iztapalapa-09070 méxico, d. f.
tres mil ejemplares y sobrantes
20 de diciembre de 1983

NICARAGUA
SE HACE ASI

Esa madrugada al volver de una de las regiones más agredidas de Nicaragua, en el noroeste del país, nos dejaron en un albergue en las afueras de Managua. Estábamos agotados tras varios días de largos y difíciles recorridos, moviéndonos de un punto a otro, por zonas donde el pueblo multiplica su esfuerzo y lucha de todas las maneras imaginables, desatando su prodigiosa creatividad. Cuando entramos en la habitación que nos señalaron, a las cuatro de la mañana, encendimos la luz para orientarnos y de inmediato la apagamos porque alguien dormía en una cama. A tientas nos ubicamos, más fue imposible conciliar el sueño, la fatiga y la riqueza de lo vivido nos impedían descansar.

Así llegaron las primeras luces. Y un fuerte temblor comenzó a sacudir la tierra. Veíamos moverse las lámparas, las paredes, los techos. Intentamos salir a la carrera. Al llegar a la puerta, quien durmiera en el otro extremo de la habitación también pugnaba por escapar. Vimos su rostro cuando ya estábamos a cielo abierto y nos dimos cuenta que se trataba de una muchachita. El temblor cesó y le dijimos:

—¿Te asustaste?

—Es la primera vez que siento un temblor.

—¿No sos de acá?

—No, estoy de paso.

Y después de un silencio, como meditando, dijo:

—Este pueblo tiene que hacerse duro a la fuerza. Entre los americanos, Somoza y los cataclismos...

Era una buena observación. En las últimas semanas habíamos recorrido Nicaragua y visto los destrozos causados por el terremoto de Managua, que aún diez años después mostraba una capital de extraña fisonomía, ciudad invadida por el campo, con huertas que llegan casi a la plaza principal y edificios que no han podido ser recuperados. Habíamos observado el daño causado por Somoza y sus socios de fuera, la pobreza que hoy se combate a cada paso, los males sembrados en toda una historia de entrega y expoliación, surcada por iniquidades e invasiones.

Ese pueblo viene de pagar con cincuenta mil muertos su lucha por la dignidad, por lograr que sus niños no se mueran de desnutrición y diarrea, por darle alfabetización y alimento a sus campesinos, por trazarse un camino propio y ofrecer trabajo para su gente. A ese pueblo le usurparon el caucho y el oro, la madera y todas sus riquezas. Esa Nicaragua fue intervenida diecisiete veces por Estados Unidos en su siglo y medio de independencia.

Quienes suponen que América Latina está irredenta y basta la fuerza para sojuzgarla a perpetuidad, desconocen las raíces de luchas insurreccionales como la de Sandino. Cuando hace dos décadas el pueblo fue organizándose para enfrentar a la dictadura, los viejos de toda Nicaragua desenterraron sus fusiles herrumbrados y se aprestaron a seguir a los jóvenes en una gesta que ya no tendría tregua. Y juntos, campesinos y obreros, estudiantes y analfabetos, cristianos y marxistas, fueron confluyendo en una sola dirección.

Ya Somoza no pudo ser sostenido; y pese a todos los esfuerzos de quienes lo mantenían en el poder, la Revolución fue indetenible. La hizo el pueblo y la acompañaron hasta sectores de la burguesía: eran quienes agurdaban la caída del dictador para manejar ellos mismos los negocios, para monopolizar las conexiones internacionales y pactar con la banca mundial, consolidar sus latifundios y controlar el comercio. Pero, como decía un campesino del Ejército Popular, "suficiente pueblo hay en Nicaragua para defender sus derechos".

Los que sustentaron la dictadura desde fuera, quisieron a partir de quienes pretendían ser sus representantes en Nicaragua, disolver la Revolución y crear un somocismo sin Somoza. Defendían la libre empresa como norte de su causa y trataron en vano de desviar el proceso. Al principio tuvieron una actitud casi expectante ya que no podían aún lanzarse a fondo contra los impulsores de una hazaña que había concitado tantas simpatías en el mundo.

Luego las cosas fueron variando. Los Estados Unidos progresivamente fueron impidiendo el ingreso de los productos nicaragüenses a sus mercados, congelaron sus programas de asistencia, se opusieron y vetaron los préstamos de la banca internacional a Nicaragua a fin de ahogarla económicamente. Desataron una campaña internacional para aislar la Revolución. Infiltraron más de trescientas misiones religiosas en zonas rurales, buscando amedrentar a los campesinos para que no defendieran sus derechos, promoviendo una guerra religiosa como forma de hostigamiento.

La propia CIA se ha encargado de provocar conmociones dentro de Nicaragua, con atentados y sabotajes. El Presidente Reagan reconoció la entrega de partidas especiales a los servicios de inteligencia para desestabilizar al gobierno sandinista. Todos los caminos vienen siendo transitados en esa cruzada, que no desdeña el uso de técnicas medievales, como el intento de envenenar al Canciller D'Escoto, prácticas por otra parte ya utilizadas en un país del Cono Sur para eliminar a sus enemigos.

Armaron bandas contrarrevolucionarias que infil-

10

traron por la frontera. Cuando fueron rechazadas pertrecharon a seis mil ex guardias somocistas que comenzaron a introducir al país. El incremento de la beligerancia ha sido constante. Instalaron campos de adiestramiento y nuevas bases militares en territorio hondureño, cerca de la frontera. Ante la vista de todo el mundo han dirigido los ataques, reclutado y equipado tropas, y hasta dispuesto del ejército hondureño para operaciones de apoyo. Y por el sur, dentro de Costa Rica, se ha sostenido a Edén Pastora.

Amparado todo esto bajo excusa de que se trata de un enfrentamiento entre Oriente y Occidente, y que Estados Unidos tiene el derecho de imponer gobiernos e intervenir a voluntad, porque están en juego sus intereses económicos. En realidad se trata de un típico enfrentamiento Norte-Sur, entre un país que se quiere liberar y una metrópoli que no está dispuesta a perderlo, no sólo por él mismo, sino por el ejemplo que supone.

Nos confesaba una religiosa que jamás pensó que por querer mejorar los niveles de vida del pueblo, Nicaragua podía ser agredida. Y es que Nicaragua hoy es una vitrina, y el día que se consolide, muchos pueblos reforzarán su temeridad en la lucha por la liberación. El triunfo entonces estará más cerca y otros procesos se afianzarán en el Continente.

Este libro trata de esa Nicaragua que vimos, agredida y amenazada, con un gigantesco enemigo al frente que es capaz de usar cualquier arma para lograr sus propósitos. Sentimos a ese pueblo multiplicarse en el trabajo y en la defensa, perder hombres y perder cosechas ante la agresión, carecer de materias primas para sus incipientes industrias y carecer de medicamentos. Y desde la pobreza impulsar la alfabetización y la salud, construir viviendas y reubicar a sus gentes, para darles trabajo y oportunidad y afrontar un futuro con fe y disciplina, para lo cual la convicción y la verdad son sus armas fundamentales.

Un país en el que hay un verdadero poder popular, en el que los humildes tienen todas las garantías para expresarse y en donde los trabajadores desarrollan una participación activa y cuidadosa.

Vimos a los nicaragüenses celebrar el aniversario del triunfo de la Revolución y no amedrentarse ante los barcos norteamericanos movilizándose en las cercanías de sus mares. Los vimos trabajando al rayo del sol y bajo la lluvia, participando políticamente, con las armas en la mano defendiendo la Revolución. Conocimos a sus poetas populares y a sus dirigentes, a sus campesinos y a sus obreros. Y nos dimos cuenta, que como nos habían advertido, Nicaragua es subversiva. Porque con muy poco, y en medio de la pobreza y la agresión, se está metiendo de frente, en la historia de las luchas por la libertad y la verdadera independencia.

"VIVIAMOS EN CONDICIONES MUY JODIDAS"

Era el día del cuarto aniversario de la liberación de Estelí. La noche anterior habíamos llegado en medio de una llovizna persistente, y el pueblo se había reunido para recibir a los ciento y tantos participantes de un Congreso de Solidaridad con Nicaragua que iban a permanecer más de veinticuatro horas en la ciudad a fin de asistir a las celebraciones. Cuando los visitantes fueron recibidos, la cordialidad pareció desbordar el pueblo. Eran horas de amenaza, de movilización; se aguardaban por momentos nuevas incursiones de los contrarrevolucionarios apoyados por el ejército hondureño. Pero la inminencia de un ataque que se esperaba y temía, y cuya magnitud no podía estimarse, no disminuía el entusiasmo. Se rememoraban los episodios de cuatro años antes cuando después de arduas luchas Estelí había sido definitivamente liberada. Era un pueblo que había batallado incansablemente, que había sufrido muchas bajas, y sabía que la única forma de consolidar lo obtenido, era multiplicar cada vez con más firmeza la profundización del proceso y la defensa en todos los frentes.

Si se hablaba con la gente y se le pedía que contase cómo había logrado derrotar a la guardia somocista — las mujeres, los jóvenes, y los viejos— daban sus versiones llenas de colorido, aún cuando a veces difirieran unas de otras en muchos aspectos. Los episodios ya habían comenzado a constituir una leyenda popular, en la que los hechos objetivos y exactos, iban dejando paso a una verdadera epopeya. Estaban poblados además por la participación de los líderes que fueron cayendo en los largos años de lucha revolucionaria.

Las conversaciones eran interrumpidas por consignas coreadas con irrefrenable ardor. Así se oía "La sangre de los mártires no se olvida, los masacrados serán vengados", "Si Nicaragua venció, El Salvador vencerá", "En el cuarto aniversario, todas las armas al pueblo", "Somos libres, nadie nos doblegará. Patria libre o morir". Y de pronto se oían tableteantes salvas de ametralladora que saludaban la celebración. Después de ese encuentro de confraternidad los vecinos de Estelí llevaron a los visitantes a sus casas, a sus humildes viviendas, para que conociesen cómo vive y cómo piensa el pueblo. Pernocté en un lugar de retiro a pocos kilómetros de la ciudad, y al despertar de una mañana luminosa, en que los caminos vecinales y los trillos mostraban los rastros de una noche lluviosa, salí a recorrer los alrededores; allí donde a lo lejos se veían los campos roturados, verdes y ocres, de una zona productiva. A los cien metros, por un angosto sendero venían tres muchachitos imberbes, marchando con sus fusiles en bandolera, uno tras otro en atento silencio. Nos acercamos a ellos y los saludamos. El más pequeño, Juan Colina, de doce años, nos dijo:

—Es la primera vez que hago guardia. Pero ya llevo como un año entrenándome. Esta fue la primer noche que me quedé —y después de una pausa agregó: —Mi entrenamiento es aprender a tirar así, a dar la vuelta de candela. Yo sé manejar el fusil —dijo con orgullo y tras una duda agregó sonrojándose—. Apenas estoy empezando a disparar.

—¿Y qué hace tu familia?

—Mi padre es talabartero. El dice que todos tenemos que prepararnos para defender a Nicaragua. Tenemos que estudiar y aprender a luchar contra los yankees.

A su lado estaba Julio Medina, de 14 años, quien nos contó con suficiencia:

—Yo ya llevo dos años haciendo ejercicios. Además voy a la escuela. Mi papá es mecánico y trabajo con él, lo ayudo en el taller. Yo tengo muchos hermanos, y todos los mayores son milicianos. Hay uno que está ahorita en el frente. Nosotros empezamos a ser voluntarios a los doce años.

—¿Y ustedes mismos están a cargo de la guardia?

El tercer muchachito, más largo y delgado que los demás, de rostro oscuro y ojos tiznados, intervino:

17

—No, hay dos adultos que están a cargo de nosotros. Yo hasta hace poco sólo trabajaba en el entrenamiento. Eso se hace en la montaña, en el campo.

—¿Cuántos años tienes?

—Tengo quince y me llamo Néstor Rufino.

Nos contó que estaba en sexto grado, que su padre era zapatero y su madre trabaja en la casa, en la cocina.

—Ahora no tengo miedo en la noche —dijo—. Al principio sí tenía, pero una va acostumbrándose. Me daba miedo de que me salieran los contras y que me hicieran algo. Los contras están por ahí asesinando a los campesinos. Así cada día se pierden varios combatientes. Entonces ya vamos siendo menos y hay que tratar de que esto se termine. Luchar porque se termine la agresión y Nicaragua sea libre. Y por eso estudiamos, y hacemos tiro de pie y de rodillas. Y hasta acostados en el suelo, porque todo el pueblo debe defender a Nicaragua.

—¿Y quiénes son los enemigos de Nicaragua?

—Los imperialistas. Son los yankees de los Estados Unidos. En nuestras escuelas nos enseñan que nuestro país no produce lo que por ejemplo Estados Unidos produce. Nicaragua no produce petróleo porque no puede. Y tiene que comprarlo, tiene que hacer intercambio. Lo que ellos no tienen y que nosotros tenemos, y eso. Pero para poder cambiar nos tienen

18

que dejar trabajar sin invadirnos, sin atacarnos. Si no no se puede plantar.

Más allá del camino se veía venir una veintena de vacas chapoteando en el barro, y cruzamos para hablar con otros muchachos que estaban en la guardia. Raúl Marvin de 18 años nos dijo:

—Yo estaba estudiando bachillerato y me salí para trabajar en el Ejército. Pero no soy permanente. Ando luchando porque a mí me mataron un tío los somocistas en el tiempo de la guerra. Entonces no me integré a la lucha guerrillera porque era muy chavalo. Después que nos liberamos me metí en un batallón y luego me metí en las milicias como instructor. Ahora tengo tres años trabajando con ellos. Instruyo a estos chavalitos que están acá y a otros de su edad. Si ellos quieren entrenarse nosotros no les negamos pues, que se entrenen. Las niñas, las mujercitas, igual. Si quieren integrarse lo hacen. Se les enseña el manejo de armas, el arma reglamental del miliciano que es la BZ que tienen los compas. La BZ tiene un alcance como el FAL. Buen arma para que usen los milicianos.

—¿Y todos los muchahos se integran?

—Algunos no están claros. No ven que todos debemos saber defendernos. Algunos no se quieren integrar, tal vez sea por miedo, no sé. Hay otros que siempre siguen con la frente nublada, creyendo que ellos son los mejores y tratan de burlarse del campesino pobre, de los militares, de burlarse de nosotros, pues. Sólo por *orgullo. Ellos siempre muestran aquel miedo que tienen. A nosotros nos contradicen bastante en política, pero cuando nos paramos enfrente a platicar con ellos sobre la política de Nicaragua, ellos dicen que está correcto todo, que da gusto la Revolución. Pero cuando uno se retira no dicen siempre lo mismo. Pero la mayoría de nosotros, los jóvenes, estamos o movilizados, o saliendo o llegando, porque esto es rotativo. Incluso en los batallones hay a veces chavalitos de once años, porque ellos dicen "voy a defender a mi patria". Y se ponen que van. Y entonces los mayores los dejan ir, y los llevan a zonas sin peligro como mascostas, y los andan cuidando. Pero si hay un penqueo es mejor que no vayan. Y ahí los cuidan, pero los chavalitos se sienten participando.*

DE ALFABETIZADOS Y CAMPESINOS EN LA EDUCACION ACELERADA.

Santiago Aragón Sotelo, es un campesino delgado y magro, de 54 años. Se integró al CEP hace tres años. No sabía leer ni escribir.

—*Fui solidario con el Frente Sandinista, colaboré en la lucha y después del triunfo le dije a mi jefe que yo me iba a mi casa a trabajar, que me gustaba trabajar la tierra. Y entonces el Frente me puso en el Comité de Base y ahí estoy funcionando. Hay muchos compañeros, casi todos los más, que no estaban alfabetizados y ahora están aquí. Muchos en el monte donde yo vivo. La gente está concurriendo a los CEP y eso es un*

20

desarrollo, una aclaración básica que nosotros no conocíamos. Y vemos que ahora estamos saliendo de la escuridad.

Ana Barrios nos dijo:

—Tengo 33 años y estoy recibiendo clase. Es una preocupación del Frente Sandinista de que todas las personas en Nicaragua sepamos leer y escribir. Antes no todo el mundo tenía esa posibilidad. Eso era solamente para los privilegiados, los que tenían ese derecho de seguir estudios. A los pobres se les negaba el estudio, porque el régimen temía que al alfabetizarse todo el mundo, se iban a dar cuenta de la situación que estaba pasando en Nicaragua. Mientras que hoy el Frente Sandinista no tiene porqué negar nada, y quiere que todos sepamos leer y escribir para que se den cuenta por qué es que hubo una revolución. Yo estoy recibiendo clase. Y le digo que el Frente recoge los legados de Sandino que miraba por ejemplo la marginación que había en los obreros. Por eso nos dan viviendas, salud, escuelas. Y a pesar de que tenemos cuatro años de esta Revolución, ya está como si tuviera quince. Bien consolidada.

En el centro de educación acelerada para obreros y campesinos conversamos con Maria Concepción Mercado. Muchacha de 26 años, voz grave, ojos vivaces, y presencia de luchadora.

—Soy de Masaya —nos dijo—. Mi experiencia es en el campo agrícola con los obreros. Mi trabajo fue durante

21

la Revolución. Nosotros los que somos del campo, pues, éramos muy oprimidos, no teníamos libertad. Incluso vivíamos en unas condiciones muy jodidas, como dicen los nicaragüenses. Y en ese momento fue que luchábamos por nuestras reivindicaciones. Nosotros por el 77 comenzamos a ver la cosa más dura porque había más represión, ya los obreros de la construcción, que son los obreros de la ciudad, los de las fábricas, que tenían más experiencia y organización, se jugaban. Allí es donde se daba más la lucha con la Guardia, porque ellos reclamaban sus reivindicaciones, reclamaban que les mejorasen sus lugares de trabajo. Trabajaban de seis a seis, doce horas.

—¿Y en el campo?

—Se daba otro problema. Los obreros del campo también tenían que trabajar doce horas con puntero, o sea con capataz. Tenían que ir siguiendo a ese puntero al ritmo que fuese, para poder ganar doce córdobas, que es lo que se pagaba entonces. Y si ese hombre no sacaba esa tarea de seguir al puntero, no ganaba el salario sino que le pagaban seis córdobas. Lo que era una gran injusticia. En el campo veíamos que eso era bien jodido. Y vimos nosotros mismos cómo podíamos defender nuestras reivindicaciones. Oíamos de los obreros de la ciudad, cómo luchaban unidos. Y también por ahí, nosotros comenzamos a organizarnos. Nosotras las mujeres, pues, apoyábamos a los trabajadores, e íbamos allá adonde ellos trabajaban, porque también había mujeres que cortaban café, o

22

terroneaban para sembrar. La mujer tiene que jalar el café en terrón para que los compañeros ahorren su tiempo en eso. Entonces igualmente la mujer tenía que trabajar a la par del hombre y le pagaban menos. Le pagaban seis córdobas, la mitad del hombre. Y con eso tenía que comprar su comida y tener su niño.

—¿Desde cuándo empezaron a organizarse?

—Por el 65. Allí los obreros del campo empezaron a ver más claro. Por entonces empezó a verse cómo trabajar. Pero ya en el 74 la organización estaba más fuerte. Y después, con la experiencia que se había tenido de la época del somocismo, al triunfo y con libertad de expresión amplia, nosotros tenemos bastante base. Sabemos cómo organizarnos, estamos claros, discutimos nuestros problemas. Ya no es como antes cuando nos preguntaban "¿por qué estás discutiendo estos problemas si no te corresponde eso a vos?". Digamos que ya no somos instrumento sino parte de un proceso. Hay discusiones, intercambio, entre el obrero y el que trabaja en la cuestión técnica, entre la persona que está arriba y los demás, hay una reiación. Ya no deciden sólo los técnicos sino que somos todos. Eso se llama discusión constructiva.

—¿En qué forma ves las conquistas que han tenido con la Revolución?

—En primer lugar está la cruzada de alfabetización, donde estamos elevando los conocimientos culturales. Se nos están construyendo y mejorando las viviendas.

Se nos ha dado tierra para trabajar. Esas son mejoras que pedimos al gobierno y no se nos han negado, sino que se consiguen. Se está además tecnificando mejor la siembra. Y los muchachos obreros han pasado a algunos seminarios para mejorar los cultivos.

—¿Aquí tuvieron muchas bajas en la insurrección?

—En El Realejo, al lado de Chinandega, nosotros tuvimos muchas bajas en la lucha contra el somocismo. Porque incluso antes del triunfo se tomaban las tierras ahí para trabajarlas. Entonces venían los grandes terratenientes y los sacaban con la Guardia. Y al no salir ellos, porque no tenían más que defender, porque eso era todo para ellos, los masacraban. Y es por eso que el campesino de toda esta zona está con la Revolución, porque ve la oportunidad que le da el tener tierra para trabajar los granos básicos, el abono, su vivienda, todo lo tiene, hasta el estudio. Y las jornadas populares de salud que llegan a estas zonas y se vacunan a los niños. Hay además centros de cuidado para enfermedades de los niños. Es un gran avance. También se van formando CDI donde la obrera del campo deja el hijo y va a trabajar. Yo no tengo hijos, no me he casado porque me integré de chavala a la organización. Y tengo que prepararme primero.

UNA VISION DE CARLOS FONSECA AMADOR, EL LIDER DE LA REVOLUCION

Raúl Benavidez Torres, un obrero de 35 años, nos cuenta que estuvo integrado a la lucha desde 1962.

Luchó primero con la organización que tenía la clase trabajadora en Estelí:

—Nos integramos como trabajadores que queríamos el avance revolucionario. Se nos hablaba que dentro de ese avance tenía que haber una lucha armada. Nos integramos aquí muchos compañeros que trabajábamos en una cuestión bastante libre. Combatimos abiertamente por las reivindicaciones que necesitábamos para la clase trabajadora. Pero hubo una represión de parte de Somoza, aquí en Estelí, que no permitía tener un sindicato que defendiera a los obreros. Entonces nosotros nos vimos obligados a luchar clandestinamente ya desde el Frente Sandinista de Liberación Nacional.

—¿Tú conociste al principal dirigente del Frente?

—Al compañero Carlos Fonseca Amador lo conocí en 1964 o 65 cuando el compañero Filemón Rivera, que era el contacto que teníamos entre Carlos Fonseca y él, me dijo un día que se me hacía un llamado para que me integrara a un entrenamiento intensivo en lo militar para prepararme como guerrillero. Entonces se me dio la oportunidad y yo me sentí bastante grande, pero a mí no se me hablaba de que era con el compañero Carlos Fonseca con quien yo iba a estar. Entonces me integré y nos fuimos para el lado de San Isidro de la Cruz Verde, más o menos a unos siete kilómetros monte adentro. Allí permanecimos tres días. Y sólo estábamos no más que siete compañeros. Y a los tres o cuatro días llegó un compañero alto, un compañero de anteojos oscuros. Por lo cual se nos dijo a tres de nosotros que fuéramos a encontrar al compañero que venía llegando, que se iba a integrar con nosotros. Y hablamos con él, el compañero nos llamaba y platicaba humildemente, nos trataba y no sabíamos pues quién era. Hasta que un día me dijo el compañero Filemón Rivera, ese compañero que tenías ahí, es el compañero Carlos Fonseca Amador. Y yo me asusté, pues, nunca esperaba encontrarme con el compañero Fonseca. Sabíamos que al compañero no se le permitía entrar a Nicaragua y sabíamos que el compañero estaba en el extranjero. Pero él utilizaba toda una gran inteligencia revolucionaria para entrar al país. Y nosotros platicábamos con él. Y cuando la comida se nos iba terminando ahí, el compañero se preocupaba porque nosotros no teníamos comida, porque faltaban cigarros. Entonces él salía de cualquier forma a buscarnos comida y cigarros y dulces. Cuando estábamos ahí mirábamos a ese compañero que casi no dormía. El no dormía más que dos horas por día, y de ahí el resto del tiempo se mantenía despierto. Era un hombre humilde, un hombre que en realidad para nosotros era como un padre dentro del terreno en que nos encontrábamos. Y tenía una gran serenidad. Sabía que si a él lo agarraban, no era un hombre que iba a vivir, pues era asesinado inmediatamente. Pero con todas esas dificultades el compañero Carlos Fonseca era un hombre tan capaz de resolver los problemas, tanto de él como de la célula en que nos encontrábamos. A los tres meses de estar en el monte se me encomendó una misión con otros tres compañeros. Ir a Cofradía, municipio de Pueblo Nuevo. Y no nos decía el compañero lo que íbamos a hacer. El asunto es que nos mandaban a una prueba en la cual nosotros teníamos que ver cómo solucionar el problema que llevábamos. Y cuando regresamos al punto donde teníamos que encontrarnos con Fonseca Amador, nos daba valor para actuar a la par de él, porque era un compañero que en realidad era fraternal y sabía dirigirnos, y más que todo no era un compañero que usase para ordenarnos ningún sistema de mal modo, sino que lo hacía con toda humildad. Y cuando se nos pidió otra misión con el compañero Filemón Rivera, nos detuvieron. Y no pudimos ya regresar con Carlos Fonseca. Como a los diez días de que nos liberaron nos enteramos que estaba preso en Costa Rica.

"AQUI SE PERDIERON NUEVE O DIEZ MIL PERSONAS"

Ismael Lanusse ingresó en 1975 al Frente Sandinista. Era un campesino sin tierra.

—Durante el somocismo —dice— yo trabajaba todo el día para subsistir y no tuve la oportunidad de estudiar. Me integré al Frente sin saber leer todavía. Tenía 18 años. El FSLN estaba desde sus inicios preocupado en educar a sus miembros directos y a su pueblo. Y así empecé a estudiar y aprendí a leer dentro de filas, cuando era clandestino. Aprendí a medio leer. Después del triunfo, por la misma necesidad de cuadros quizá, para dirigir las distintas áreas del país, fuimos ubicados una serie de compañeros con limitantes, en puestos de cierta dirección en determinados lugares. A mi me integraron como Segundo Jefe de Policía de León. Me esforcé y en 1982 me relevaron para que pudiese estudiar. Estaba en la primaria acelerada y después hice preparatorio. Dadas las necesidades de defensa, no podemos estar ahí sólo estudiando, cuando las agresiones del imperialismo son mayores. Entonces dejé el estudio y me concentré en la defensa.

Manuel Morales Fonseca, de 35 años, ingresó en el Frente en 1968.

—Después del triunfo de la Revolución —nos afirma— estuve de subjefe en la Sección Política del Ejército. Aquí en Estelí se perdieron nueve o diez mil personas en la lucha contra la dictadura, lo que creó una incorporación masiva de gente al Frente por la brutalidad represiva del somocismo. Hubo una disposición más alta de la gente que vivía en la zona. O moría con los brazos cruzados o moría con un arma en la mano. La escogida fue con el arma en la mano. En esta región la respuesta fue la masividad de participación en la guerra.

—¿Como se viene trabajando en Estelí?

—Hay desde el triunfo una reproducción de la forma de trabajo. Se trabaja a partir de los problemas del pueblo, descansando en las organizaciones populares, involucrándose en la solución de esos problemas con soluciones correctas. Esto se expresa en las cosas que se hacen aquí. Nosotros tenemos dos mil maestros populares que alfabetizan a diez mil personas. Tenemos brigadistas de salud que cumplen largas tareas.

Dice Morales Fonseca:

—En nuestra región del norte tenemos 200 y pico de kilómetros de frontera con Honduras. Hay sólo tres pasos por carretera. El resto es montañoso y selvático. No hay división. Es muy fácil penetrar. Es incontrolable. Más del 70 por ciento de la población de la región es rural y dispersa. Entonces las bandas somocistas los secuestran y los adoctrinan, los entrenan. Había algunos elementos, no suficientemente formados, estaban confundidos, y creían realmente que a los niños se los íbamos a quitar y los íbamos a mandar a Cuba o a Rusia, creían que a los viejos los íbamos a hacer jabón. Esas cosas parecen ridículas pero hay que estar conscientes del atraso de algunos campesinos. Yo cuando estuve clandestino tres años, pasé en esa región y llegué a comunidades donde todos estaban tuberculosos. En algunos casos debimos trabajosamente persuadirlos de que tomasen la tierra después del triunfo. Ellos no nos han pedido tierra sino que estaban viviendo su misma vida. Nosotros que los conocíamos y sabíamos de sus necesidades, les decíamos, aquí está esta finca para ustedes. A gente así es que vienen a confundir, diciendo que vamos a matar a los curas, que vamos a quitar la religión. La gente luego se da cuenta y se vuelve con nosotros. Muchos incluso ni habían tenido información de la Revolución. Aquí se encuentran cuarenta emisoras extranjeras, la mayoría hondureñas y nada más que tres nicaragüenses que salen mal por la topografía. Es gente que no sabe lo que está pasando y puede ser confundida. Pero cuando les explicamos, los armamos además para que se defiendan. Nosotros estamos ofreciendo una concentración en la cual ellos pueden tener mejor situación económica y una alternativa de defensa. Se los integra en cooperativas. Por ejemplo en los desplazados de las fronteras. Mucho se habla aquí de comunismo y de propiedad privada. Con los desplazados de las agresiones tuvimos que encontrar caminos de solución. Y los comunistas en Nicaragua resolvimos el problema entregándoles fincas a los campesinos que habíamos confiscado a los somocistas y que estábamos explotando como áreas de propiedad del pueblo. Les entregamos fincas de café a los campesinos. Los comunistas hubiéramos perfectamente podido eliminar lo que queda de propiedad privada. Hemos entregado solamente en esa región más de cincuenta mil manzanas. Y la exigencia de los campesinos para defenderse ellos mismos es que le mejoremos las armas; como mosotros no tenemos más aptas, deben batirse con BZ que es lo que poseemos.

En la noche estalló una fuerte tormenta en Estelí, y estaba prevista una celebración en la plaza del pueblo. A eso de las nueve, cuando la lluvia comenzó a amainar, rápidamente la gente salió con deseos de festejar el cuarto aniversario de la liberación. Se instalaron quioscos para la venta de bebidas y luego apareció una pequeña orquesta que comenzó a sonar entusiasta. Se mezclaban los uniformes verdes de los compas y las compas con las ropas de civil. Y a cada momento alguien nos detenía y nos preguntaba de donde éramos. Le explicábamos y nos decían:

—¿Nos permite platicar con usted? Es que queremos saber qué piensan los visitantes de nosotros. Antes, cuando Somoza, no había extraños en el pueblo. Si la Guardia nos veía hablando con alguien que no era del lugar enseguida nos interrogaba. No se podía hablar con quienes eran visitantes... no había visitantes.

Luego alguien, visiblemente ebrio se nos acercó:

—No les haga caso. A mí me llaman contra por las cosas que digo. Y yo soy contra, es verdad. No quiero al sandinismo.

Quienes estaban conmigo me aclararon:

—Es verdad, es un contra. Pese a la lucha que dimos en esta zona aún hay algunos. Afortunadamente no son muchos.

"NUESTRA REVOLUCION ES EN SI MISMA SUBVERSIVA PARA LA DOMINACION IMPERIALISTA"

En una recepción ofrecida a los participantes de la Conferencia sobre Centroamérica en Managua, estuvimos conversando con el Coordinador Político del Frente Sandinista, comandante Bayardo Arce, sobre el plan que teníamos de escribir este libro. Eran días en los cuales por un lado se tenía información de que en cualquier momento podía haber una invasión en gran escala a Nicaragua, y por otro el espíritu sandinista parecía templado por la celebración del nuevo aniversario de la liberación. En esos momentos se estaban desarrollando dos encuentros internacionales de apoyo al pueblo nicaragüense, —el de Solidaridad, y la Conferencia sobre Centroamérica—, a la que concurrían conocidas personalidades con posición tomada y algunos que solamente habían llegado a fin de protestar por la ofensiva del gobierno norteamericano, no como hecho político, sino por principios de moral, de decencia, ante el tipo de agresión que se estaba consumando. Este era el caso de muchos ciudadanos norteamericanos.

Al separarme del comandante Bayardo Arce una hermosa rubia, con todos los ingredientes de la más típica belleza norteamericana, me salió al paso con dos vasos de ron y su mejor sonrisa. Acepté su trago y me preguntó:

—¿Usted cómo se llama? ¿Quién es?

Ahí me percaté que por mi vestimenta y la cierta discresión de la conversación con Bayardo Arce, me tomó por algún dirigente sandinista. No quise desilucionarla:

—No hablo inglés —me disculpé.

—Yo también sé hablar en francés.

—Lo siento, pero solamente hablo español —e hice un ademán como para indicarle que era imposible comunicarnos, disponiéndome a dejarla.

—¡Trabajo en Hollywood!! —dijo intentando retenerme.

A Bayardo lo volví a encontrar en Estelí. Allí habló para la gente de la reunión de Solidaridad y dijo el discurso central, en las celebraciones en la plaza de la población. El pueblo lo saludó con particular efusividad y reconocimiento. En esa oportunidad pudimos conversar, y de allí, de Estelí, es la entrevista que incluímos seguidamente.

Un último encuentro tuve en Nicaragua con el comandante Bayardo Arce. Fue al término del acto central del cuarto aniversario del triunfo revolucionario, celebrado en la ciudad de León. Allí me dijo:

—Espero que con lo que viste, el libro verdaderamente resulte.

36

"AQUI NACIO LA LUCHA DE SANDINO"

En la fase final de la lucha revolucionaria Estelí fue la única ciudad que hizo tres insurrecciones previas al triunfo, y el 16 de julio de 1979, al fin se consiguió el propósito de tomarla para la Revolución. Pero además por toda la región pasan los elementos principales de nuestra historia. Aquí nació la lucha de Sandino, en Las Segovias, aquí se dieron heroicamente los principales enfrentamientos contra los invasores norteamericanos en la época de Sandino. De hecho eso significó una siembra de largo plazo para la Revolución, porque cuando surgió el sandinismo en el Frente Sandinista de Liberación Nacional y comenzamos nosotros a movernos por esta geografía, nos encontramos a ancianos, a gente vieja que había sido combatiente o colaboradora de Sandino, y habían mantenido en secreto —por la represión— las tradiciones sandinistas, y también en secreto la habían ido transmitiendo a sus hijos y a sus nietos, y de hecho habían convertido a toda esta población en una población sandinista.

De los primeros cuadros del FSLN, Estelí y Las Segovias tuvieron una importante cuota cuando empezó nuestra lucha en 1961, y a lo largo de todos nuestros 18 años de combate no sólo tuvimos un centro principal de operaciones, sino una cantera de cuadros. Es importante que sepas dónde éstas, para ponderar aún más esta zona... Pero además resulta que en esta nueva fase de la lucha por una sociedad justa, por una

Nicaragua nueva, sigue siendo esta región el pilar principal para enfrentar las agresiones. Por razones topográficas el imperialismo norteamericano seleccionó entre distintos puntos de la topografía nacional, la región de Las Segovias, como uno de los centros principales para sus infiltraciones, para introducir a sus invasores y sembrar el terror en esta región, pretendiendo desestabilizar nuestro proceso a partir de sus campañas de terror. Es decir, esta es la mera cepa sandinista. Este pueblo de Estelí combate y festeja a un tiempo.

"LAS CLASES DOMINANTES ESTABAN ASOCIADAS PARA LA ENTREGA"

No podemos entender nada de lo que pasa en Nicaragua sin ver primero lo que pasa afuera. Todo lo que ocurre en el país en la actualidad está fundamentalmente determinado por las contradicciones que el sólo hecho de la Revolución abrió con la principal potencia imperialista, Estados Unidos. Si no existiera EE. UU. o mejor dicho si no fuera imperialista, nosotros hubiéramos podido comenzar a cristalizar nuestros planes de transformación en paz y a esta altura los resultados que podríamos presentar serían mucho mejores de lo que son. Porque nosotros comenzamos nuestra lucha, más bien continuamos la lucha de Sandino, motivados por una realidad nacional que era insoportable para cualquiera que se preciara de tener dignidad, que se valorara como hombre y que además sintiera algo de humanismo. La realidad de

Nicaragua —que nos llevó a luchar— era en primer lugar de entreguismo. Aquí hubo una época en que la economía del país la dirigían directamente los norteamericanos; el ferrocarril, el banco, las aduanas, todos eran dirigidos por funcionarios norteamericanos a solicitud de los gobernantes de Nicaragua de entonces. Incluso entregamos prácticamente todo nuestro territorio en un convenio que se firmó en 1914, que se llamaba el Tratado Chamorro-Bryan. Estados Unidos nos prestó tres millones de dólares, que ni siquiera vinieron al país, porque con eso se pagaron unas deudas que decían que les teníamos. Y a cambio comprometíamos el país a perpetuidad para que Estados Unidos construyera cuando lo considerase conveniente un canal o bases militares en Nicaragua. Es decir, en nuestra historia hubo gobernantes a los que muy bien Sandino llamó "vendepatrias". Y como consecuencia de esos actos entreguistas y producto también de una política de injusticias internas, donde las clases dominantes asociadas con actos de entrega se dedicaron a enriquecerse, nos encontramos con una situación nacional que resultaba intolerable. Teníamos más del 60 por ciento de nuestro pueblo en situación de analfabetismo, teníamos un 20 por ciento en condiciones de semi-analfabetismo, la educación era un privilegio de élites, al grado tal que las universidades además de ser inaccesibles por los precios que había que pagar, tenían la filosofía de limitar el número de estudiantes para no generar muchos profesionales que le hicieran comperencia a los que ya existían. Durante

39

muchos años tuvimos la Escuela de Medicina con un cupo de cincuenta alumnos; por supuesto que de los cincuenta no todos salían convertidos en médicos. A partir de grandes movimientos conseguimos que se elevara a setenta y cinco y después a cien. Cuando triunfó la Revolución lo primero que hicimos fue elevar a quinientos, ahora tenemos seiscientos en cada año.

Obviamente, con esa filosofía de preparación profesional, las condiciones de salud de nuestro pueblo eran infrahumanas. Había carencias de hospitales, de centros de salud, y además una concentración médica sólo en las ciudades. Para nuestra población campesina el médico era en el mejor de los casos una referencia lejana y en otros ni siquiera sabían lo que significaba la palabra médico. En una situación de esas era explicable que la mortalidad infantil anduviera encima de los doscientos por cada mil niños en el primer año de vida.

Esa situación de dominación extranjera nos impidió cualquier posibilidad de desarrollo económico que nos permitiera generar los recursos que posibilitaran enfrentar la demanda social, que además a los gobernantes no le interesaba enfrentar. Pero desde el punto de vista de los efectos sociales ello se tradujo a que nos condenaron a una producción monocultivista de exportación. No hubo nunca financiamiento ni cooperación para desarrollar industrialmente nuestro país, para aumentar los valores agregados a nuestros productos, porque bastaba que enviáramos todo en bruto para afuera. Se nos llevaron casi todo el oro que había sido descubierto y nos dejaron miles de tuberculosos y silicosos. Se nos llevaron casi todo el caucho, ya casi no tenemos caucho, se nos estaban llevando toda la madera, se nos llevaban toda la pesca, porque todas las compañías eran norteamericanas. Sembrábamos algodón y no podíamos procesarlo. Una política económica así, tan estrecha, daba lugar a un desempleo que iba creciendo en la medida en que había capacidad de reproducción de la población, y no había desarrollo económico paralelo. En la reproducción el campesinado encontraba lo que puede llamarse el seguro de vejez; para el campesino tener hijos era la oportunidad de que cuando llegase a viejo, alguien velaría por él. Pese a eso no tenemos una gran población en relación con nuestro territorio, por las guerras que hemos sufrido, por la mortalidad y porque inclusive en una época, donde todavía no había aparecido el imperialismo norteamericano, pero sí estaba el colonialismo europeo, los indígenas de estas tierras decidieron no parir para no ser esclavos.

"RESCATAMOS NUESTRA SOBERANIA Y AHI NO TERMINARON LOS DOLORES DE CABEZA"

Esta situación general nos llevó a emprender la lucha. Queríamos recuperar para nuestro pueblo su soberanía, su independencia, su autodeterminación, que nuestro pueblo fuera el único dueño de sus recursos naturales y de los destinos de nuestra sociedad. Y además queríamos que eso se diera, porque con mentalidad nacional y con espíritu revolucionario íbamos a poder —siendo los dueños de nuestra riqueza— impulsar una política de desarrollo que nos permitiera tener los recursos para enfrentar correctamente la demanda social. En todos los años de la lucha sandinista estuvo presente acabar con el analfabetismo, aumentar los servicios de salud y llevárselos al campesinado, redistribuir la tierra para hacer partícipe activo al campesino del desarrollo económico, construir escuelas, eliminar el desempleo y llegar incluso a potenciar nuestras riquezas de manera incluso que pudiéramos llenar nuestro país de centros recreativos, de parques para los niños, donde no sólo tuviéramos la oportunidad de impulsar el desarrollo material, sino también el desarrollo espiritual de nuestra sociedad.

Ese fue el motor que tuvimos durante dieciocho años de lucha, viendo caer a nuestros fundadores, sólo uno de ellos sobrevivió —el comandante Tomás Borge— viendo caer a los mejores cuadros, viendo caer a miles de nicaragüenses que de una u otra forma participaron de nuestros esfuerzos de lucha. Sólo esa esperanza nos permitió llegar al triunfo. Y nosotros decimos que la existencia misma de un movimiento pujante de solidaridad como el que se desarrolló antes del triunfo y que se logró proyectar hasta ahora, fue posible porque a través de más de una década de lucha habíamos demostrado al mundo que éramos un pueblo que merecíamos solidaridad. Antes no pedimos solidaridad, cuando comenzamos nuestra lucha, porque la solidaridad hay que ganarla.

Logramos el triunfo, logramos rescatar nuestra soberanía y ahí no terminaron nuestros dolores de cabeza, sino que comenzaron de otra manera y peor. Porque el problema es que al darse nuestra Revolución, en primer lugar se le quisieron poner muchos padres. Todo el mundo quería ser el padre de nuestra Revolución. De muchos países del mundo vinieron a decirnos cómo tenía que hacerse. Nosotros hemos dicho que tenemos el estigma del primogénito. Cuando una familia tiene un niño por primera vez, se reúnen todos y comienzan a decir que tiene los pies del papá, las cejas de la mamá, los ojos de la tía, las orejas de la abuela. Todos querían ver aquí en Nicaragua algo de él. Pero eso no es malo. Lo malo es que nos querían imponer una cara. Y uno de los papás que quiso tener esta Revolución, fue el que trató de abortarla todo el tiempo, el gobierno de EE. UU. Como no pudieron abortarla, después quisieron imponerle la fisonomía. Y si uno se pone en la mentalidad de los imperialistas, es lógico. Realmente nuestra Revolución en sí misma es subversiva para la dominación imperialista. Basta con ver lo que en medio de las limitaciones y pobreza hemos podido hacer, desatando la capacidad creadora y la energía de nuestro pueblo, para que otros pueblos que están en condiciones similares a la que nosotros teníamos, se entusiasmen para seguir un camino similar o igual al que seguimos para crear las condiciones en que vivimos hoy. Y si además de eso nosotros tenemos la posibilidad de ir cumpliendo nuestros ideales, en esa medida cada avance nuestro es un problema para los imperialistas, porque cada avance nuestro es un estímulo en la lucha de los pueblos. De tal manera que el gobierno norteamericano se hizo el que se resignaba cuando triunfamos, hicieron que querían tener las relaciones más amistosas porque sencillamente declararse en contra nuestra a los pocos días de la victoria, hubiera sido una torpeza política mayor que la que ya habían cometido, intentando detenernos. Pero sólo tuvimos una luna de miel que duró seis meses, que es lo que dicen que duran las lunas de miel.

"A PARTIR DE LAS LEYES HUBIERAMOS PODIDO ACABAR CON ESA BURGUESIA"

Ya para el inicio del 80 empezó la tirantez. En esos seis meses lo que había hecho EE. UU. era contactar a sus viejas amistades dentro del país, a los sectores de la burguesía que quedaron por la generosidad de la Revolución y los organizaron para enfrentarnos. Nosotros habíamos anunciado que íbamos a confiscar a Somoza, a su camarilla y a todos sus socios. Pero cuando tomamos el poder y empezamos a averiguar, todos eran socios de Somoza. Entonces a partir de las leyes hubiéramos podido acabar con esa burguesía. Después tuvimos que ser flexibles y rebajar un poco para que no quedara en la calle toda esa gente. Había un partido aquí que supuestamente hacía la oposición a

Somoza, el Partido Conservador, que ahí está todavía... tiene derechos y está en el Consejo de Estado y todo eso, que fue el cómplice de la dictadura durante toda su historia. Entonces eran los que siempre iban a las elecciones, sabiendo que no las iban a ganar porque las elecciones eran fraudulentas, pero a cambio les daban un 40 por ciento de los diputados, una representación en el gobierno, libre introducción en el país sin pagar impuestos, de carros, whiskys, etc... A esos también si les hubiéramos aplicado la ley hubieran tenido que desaparecer. Estos que se quedaron por generosidad fueron inmediatamente organizados por EE. UU. aquí y comenzaron a lanzarse contra la Revolución desde inicios del 80. Desde entonces todo lo que pasa en Nicaragua está determinado por nuestro enfrentamiento, por la política agresiva que fue concebida para destruir la Revolución. Si no la han destruido es porque no han podido. No han podido porque nosotros hemos desarrollado una política exterior abierta, amplia, en ejercicio de la soberanía, somos amigos de todo aquel que quiere ser amigo nuestro, de todo el que acepta nuestra amistad sin poner condiciones. Y así somos amigos incluso de los más aliados de EE. UU. en algunas políticas internacionales, pero que en el caso nuestro no tienen coincidencia de criterio. Y también somos amigos de los más enemigos de EE. UU. De esa manera se le ha hecho muy difícil a EE. UU. lograr sus propósitos. Y así hemos podido sobrevivir y avanzar como lo hemos hecho. Ya pasamos los 4 años de Revolución después que nos vaticinaron que no alcanzaríamos el primero. Pero eso ha sido posible por dos pilares. Primero porque hemos desatado toda la capacidad y energía del pueblo. Y ese es uno de los errores de la política norteamericana, porque creen que aquí hay un grupo, y dicen el gobierno de los nueve comandantes, como que hay un grupo y en vez de un dictador tenemos nueve. Un poco más democrático en todo caso... Pero la verdad es que hay un poder del pueblo. Y todo el pueblo, hasta el último nicaragüense tiene capacidad decisiva sobre los factores que atañen a su vida, tiene capacidad decisiva sobre el mundo de nuestra Revolución, y tiene plenas posibilidades de ser protagonista de nuestra Revolución. Entonces cuando se toca la Revolución no se está tocando a un gobierno, sino que se está tocando a un pueblo.

Y cuando hablamos de esa participación no nos referimos nosotros al Consejo de Estado donde están representados todos los sectores del país, o a que los ministerios principales tienen en sus consejos directivos representantes de organizaciones populares; nos referimos al hecho mismo de que las cosas que benefician al pueblo las hace el pueblo directamente. Por ejemplo, para resolver el problema del analfabetismo lo que hicimos fue poner a los que sabían leer a enseñarle a los otros. Para seguir educando a todos los que alfabetizamos, tenemos más de veinte mil maestros, a los que pagamos 150 córdobas —muy pocos dólares— que sirven para el transporte. La educación la da el pueblo al pueblo. El problema de la salud lo hemos enfrentado con brigadas. Al mismo pueblo se le enseña a administrar las medicinas o las medidas preventivas y ellos son los que las llevan adelante. Las viviendas, la reforma agraria, son los mismos campesinos los que determinan las tierras en conjunto con el Estado. En fin, hay esta variedad de participación directa. La defensa misma, nosotros tenemos un ejército profesional pequeño que es como la columna vertebral, de ahí todo el pueblo es el policía, es la seguridad, el soldado. Y no tenemos miedo de darle al pueblo decenas de miles de fusiles porque sabemos bien hacia donde va a apuntar.

Entonces ahí están todas esas formas participativas. El problema del abastecimiento: es el mismo pueblo el que distribuye nuestros limitados recursos. Hasta en política internacional nuestro pueblo tiene una actitud muy activa en relación con nuestros amigos de fuera. Tal vez lo único que no hace, y no quisiéramos darle ese trabajo a nuestro pueblo, es estar lidiando con los gringos...

Y el otro pilar es esa política internacional de la que te hablé. Entonces, hemos recibido todo tipo de agresiones desde inicios del 80 y cada una de esas agresiones sin desaparecer van escalando. Los norteamericanos primero nos quitaron la asistencia económica que daban a Nicaragua históricamente. Después empezaron a sabotear nuestras gestiones crediticias en los organismos internacionales. Después comenzaron a presionar a otros países aliados de ellos para que no cooperasen económicamente con Nicaragua. Después empezaron a limitarnos el mercado norteamericano en algunos aspectos que ellos pensaban que podían favorecer nuestra defensa: no nos venden repuestos para helicópteros, aviones ni vehículos. Como eso no fue suficiente pasaron a una fase más agresiva. Nos han cortado el azúcar, ahora nos cerraron los consulados para limitarnos el comercio. Y están hablando de que nos van a cerrar el mercado de la carne. En el plano político y diplomático comenzaron presiones a todos los países. En algún sentido eso nos llena de orgullo, que siendo un país tan chiquito y tan pobre como somos nosotros, hayamos obligado a la gran potencia a escribir un libro blanco y mandar a un montón de personajes por todo el mundo a querer convencer de que Nicaragua es un peligro para la paz mundial. Y que nadie le haya hecho caso. Pero todo eso va incidiendo. Hay que tomar en cuenta el poderío de EE. UU., prácticamente no hay país que no dependa en alto grado de las relaciones económicas con EE. UU., que no tenga dependencia tecnológica, que incluso no tenga miedo de que la fuerza imperialista pueda desestabilizar a su gobierno y poner al contrario, y todo eso cala en nuestro abanico internacional. Y entonces hay países que se han vuelto más discretos, más fríos en su solidaridad, que lo hacen a escondida para no disgustar a EE. UU. Y todo eso repercute en nuestra realidad.

"CADA GOLPE QUE NOS DAN, NOS TEMPLAN MAS"

Por otra parte vienen las agresiones militares. Comenzaron organizando pequeños grupos para sembrar el terror. Después organizaron comandos especiales que vinieron a hacer actos de sabotaje, a destruir puentes y centros de trabajo. Después pasaron a formar un ejército con más de cinco mil hombres de la vieja guardia somocista. Ahora están lanzando al ejército de Honduras en apoyo a ese ejército contrarrevolucionario, aún cuando eso pueda generar una guerra entre nuestros dos países. Y están apretando en lo económico, en lo político y en lo diplomático, en lo militar. Eso a nosotros nos ha hecho más difícil nuestro camino, pero por otra parte nos ha ido templando más. Porque si cuando triunfó la Revolución entramos a Managua quince mil nicaragüenses armados, ahora ya no hay quince sino centenares de miles de combatientes preparados y fogueados. Y al contrario de lo que se espera, la política norteamericana, en vez de ablandarnos nos endurece más, nos templa más.

Y aunque estamos haciendo grandes esfuerzos por distensionarnos con EE. UU., por llegar a acuerdos, por establecer unas relaciones respetuosas de paz y amistad, y hemos hecho lo mismo con los países que en Centroamérica le sirven de cómplice, a la par nos preparamos cada día más para lo peor. Creemos que mientras no logremos un acuerdo que verdaderamente nos dé garantía, sería un error el dejar de prepararnos para la defensa de nuestro territorio.

Todas estas agresiones nos templan, nos dan más firmeza, nos dan más disposición de seguir adelante, pero también nos hacen más difícil el camino y nos complican los problemas que debemos enfrentar. Por ejemplo, en los cinco primeros meses de este año, los daños materiales de las actividades contrarrevolucionarias pasaron los 600 millones de córdobas. En ese mismo período tuvimos más de 700 muertos, no sólo de combatientes sino de ciudadanos que en las tareas cívicas eran asesinados por bandas contrarrevolucionarias. Ahí hay médicos, ingenieros, maestros, agrónomos, dirigentes campesinos, y hasta dos compañeros internacionalistas, médicos ambos, como producto de estas agresiones. Dos médicos y cuatro maestros cubanos.

Eso nos crea además dificultades para abastecer el país. Por ejemplo, producto de toda esa política de saboteo a nuestras relaciones económicas internacionales, cada vez tenemos menos divisas. El año pasado tuvimos que cerrar 118 empresas pequeñas y medianas por falta de materias primas, lo que significó el desempleo para más de 5 mil obreros. Y en lo que va de este año tuvimos que cerrar más de 78 empresas lanzando al desempleo a otros 1.800 trabajadores, porque no tenemos materias primas para que funcionen esas empresas. Es decir, nos golpea el desempleo en el sector industrial. Hemos tenido que hacer ajustes para absorber a esos desempleados, los hemos convertido en promotores de salud, los hemos convertido en constructores de carreteras y caminos, en agricultores,

50

en horticultores. Estamos sembrando en Managua todos los predios vacíos con estos desempleados debido a la agresión norteamericana.

Hemos tenido otro tipo de problemas. Nos acaban de dejar tirada la bananera que era otra explotación monopolista de EE. UU. Se nos fueron del país rompiendo todo convenio y dejando el 70 por ciento de las plantas con la peste del banano. No podemos abrir otro mercado, porque a cualquier lugar que llegara el banano ya llegaría podrido. Tenemos que buscar otras salidas. La Standard nos cerró el mercado pero el pueblo norteamericano come bananas. Entonces nos fuimos directamente a vender. Ahí se fue el Ministro de Comercio Exterior, en un puerto ofreció bananas como en un mercado. Más o menos colocamos nuestra producción con unos señores que deben tener algo de filantrópicos. Una compañía. Porque después que se metieron en esto, uno de los socios murió atropellado por un camión de la Standard.

Ahora que nos cerraron el convenio del azúcar para nosotros fue un golpe, porque nosotros estábamos en el convenio internacional de suministro a EE. UU., donde se pagaba un precio preferencial. Al sacarnos de ahí caímos en el mercado libre, donde los precios están en menos de la mitad de lo que pagaba EE. UU., lo que significa una disminución de más de la mitad de divisas por azúcar.

Por otra parte la misma situación de defensa significa para nosotros un gran esfuerzo económico, porque independientemente de que no gastamos en armas, tenemos amigos que nos han ayudado con algunas, sí gastamos en la movilización de nuestro pueblo que parte a enfrentar las agresiones. Y eso nos obliga a sacar los camiones que tenemos en la reforma agraria, en construcciones, los camiones que están destinados a la economía deben movilizar a los combatientes. Tenemos que atender con alimentos, medicinas, ropas, a los combatientes, lo cual representa gastos extraordinarios. Nuestra situación económica se ha tornado mucho más difícil, como tenemos que destinar recursos para la defensa, tenemos que reservar recursos para que la producción no se nos caiga mucho más aceleradamente, sobre todo en lo industrial, y esto incide en nuestra disponibilidad de divisas para complementar necesidades de consumo. Y el principal problema que tiene nuestro pueblo hoy, es además de la agresión el problema del abastecimiento. Tenemos escasez de jabón, de aceite, de carne, de trigo para hacer pan, de maíz, de huevos, de carne de pollo. El problema es que en Nicaragua antes del triunfo nunca se produjeron pollos ni huevos sino que se compraban en El Salvador, país que hoy está desbaratado y que no tiene capacidad de producir para exportar, pero además nosotros no tenemos dólares para comprar, por lo que impulsamos la producción nacional. Actualmente producimos más de 15 millones de libras de carne de pollo al año, 15 millones de docenas de huevos, pero no es suficiente para enfrentar una demanda de consumo que ha crecido, porque antes los campesinos no tenían acceso a este tipo de alimentos. Sólo comían maíz y como fiesta un poco de frijol. Y ahora tienen acceso al aceite, a los huevos, a la carne, a la leche. O sea que hemos tenido que redistribuir las existencias conforme a la filosofía de la Revolución, y los más afectados son los compañeros de la ciudad, porque antes todos los productos quedaban en la ciudad y ahora una buena parte va al campo. Y dentro de la ciudad los más afectados son los sectores medios que antes con su dinero podían ir a comprar grandes cantidades, y ahora se ven restringidos porque algunos de los productos los racionamos para poder asegurar que equitativamente lleguen a todo el pueblo.

"VAN A IRSE GENERANDO NUEVOS EMPLEOS"

Pero pese a las dificultades, nuestros técnicos y profesionales se mantienen con la Revolución, con una gran conciencia patriótica. Aquí no ha habido una fuga de cerebros como se le ha hecho a otras revoluciones. Claro, se nos han ido algunos que se afligieron cuando dejaron de venir aquí los pantalones especiales y los perfumes, porque ya no tenemos con qué comprar. Pero en términos generales los técnicos se mantienen con la Revolución en situaciones duras de abastecimiento que los golpea a ellos más que a nadie, porque estaban acostumbrados a tener unas posibilidades de acceso a los productos en lugares privados. Y ahora ya no existen esos lugares de antes, sino que todo es de libre acceso para todos.

Nosotros pese a nuestros problemas tenemos un pueblo que sigue adelante con su transformación. Somos el único país del área que tiene en marcha veinte proyectos de inversión. Ninguna nación está invirtiendo, ninguna tiene metas de desarrollo. Nosotros estamos construyendo un ingenio, lecherías, vamos a construir una fábrica de cartón, hilanderías para no seguir vendiendo nuestro algodón en bruto sino que en lo posible vamos a hacerlo en ropa. Tenemos buena costura. Muchos pantalones que se ponen fuera los hacíamos aquí y ellos le ponían el sello para cobrarlo caro. Ahora los estamos haciendo pero con otra marca se llaman Sansón...

Tenemos también desarrollo para palma africana, para cacao, una serie de inversiones a las que no le podemos ver los resultados ahorita sino hasta el 86 u 87 porque duran años las construcciones y toda la etapa de preparación, pero que le permiten a nuestro pueblo ver claro que hay una perspectiva de futuro. No estamos en una situación en la que sólo tengamos dificultades y sólo tengamos golpes, sino que en medio de eso estamos sentando las bases para el futuro, de tal manera que esto permitirá en la medida que se desarrollen programas, generar nuevos empleos. Vamos a ir disminuyendo nuestra dependencia del petróleo, vamos a impulsar la mejor capacidad productiva de energía y potenciaremos muchos más nuestra agricultura. En las mejores tierras de Nicaragua —en las que tradicionalmente se plantaba solamente algodón— desde este año vamos a tener una cosecha de maíz con riego. Vamos a sacar dos cosechas al año, una de algodón y una de maíz. La meta nuestra es sacar tres cosechas por año.

Entonces, en síntesis, en lo interno tenemos la situación de agresión, tenemos la dificultad que eso nos genera, pero tenemos una siembra de futuro. Por otra parte nos estamos preocupando por la generación de recursos humanos para poder enfrentar esa dinámica de desarrollo. Hemos expandido los servicios educativos, actualmente hay más de un millón de estudiantes en Nicaragua. Tenemos a más de dos mil compañeros estudiando fuera, incluso en Estados Uńidos —unas becas que conseguimos al principio y que ahora ya no nos dan—. Hay también estudiantes en Europa y Sud América, en países socialistas. Y aquí estamos dando un esfuerzo. Hemos priorizado las carreras que tienen que ver con nuestro desarrollo y la demanda social; priorizamos las carreras agropecuarias, la medicina, los maestros. Estamos abonando nuestro futuro. Además ya estamos sacando nuestros técnicos medios con conciencia revolucionaria, que cuando se graduán no están esperando recibir un gran sueldo ni un chalet ni nada por el estilo, sino que quieren trabajo para levantar la economía del país...

Por supuesto que aquí no todo el mundo es feliz. Las minorías están infelices, se han visto afectadas por la dinámica de la Revolución, y por sus protectores, porque las agresiones imperialistas no sólo golpean a nuestro pueblo, golpean también a las minorías. Ellas se ven afectadas por desabastecimiento, hay empresas que han ido a la quiebra por la falta de materias primas. Llegan momentos en que no tienen capacidad de pago en el sistema financiero y tienen que cerrar las puertas. Y por supuesto esa gente no está feliz. No están felices tampoco los que en la tradición política de nuestro país aspiraban a tener el poder y no pudieron tenerlo ni van a lograrlo. Esa gente vive amargada con la Revolución y nosotros no hallamos qué hacer porque la única forma de que no sufran es que entiendan la Revolución, que la vivan y la gocen, como la gozamos nosotros en medio de las dificultades y los problemas.

Hay casos sí de empresarios —y eso no lo publican las agencias de noticias que tratan de distorsionarnos— que han entregado sus empresas, que han entregado sus tierras a la Revolución sin que se las pidan, y se han puesto a trabajar como técnicos. Y son muchos los casos. Pero también hay otros que no, las minorías. Y estas lo que hoy han hecho es agruparse en lo que constituye el principal partido de oposición que hay en Nicaragua, que es la Iglesia Católica. Se ha estado tratando de convertir a la Iglesia en un partido político, el único legal que tiene mitines en todo el país todos los domingos para atacar al gobierno. Entonces ahora esta gente es cristiana que se desbarata el pecho. Porque por supuesto, no habiendo mayores puntos por donde atacar a la Revolución, lo único es decir que está acabando con la Iglesia. Y tratar así de confundir a los sectores más atrasados. Por supuesto también hay integrantes de la Iglesia que están con la Revolución y que hacen un enfrentamiento interno pero en condiciones desventajosas, porque en Nicaragua hay persecución religiosa, sólo que es el único país en el mundo donde no es el gobierno el de la persecución, sino la misma Iglesia. Entonces a todo sacerdote, a todo religioso que tiene posturas progresistas, lo van expulsando del país los mismos dirigentes de la Iglesia. Y ahí nosotros estamos impotentes porque no podemos hacer lo único que debiéramos, pero que no hacemos para que no nos digan blasfemos, que es crear la Iglesia de Nicaragua u nombrar un papa. Y aquí el Papa vino a decir lo que hacía la jerarquía de la Iglesia era correcto, vino a darle un aval a posiciones políticas de oposición, a las posiciones de derecha para arrinconar a los sectores progresistas de la Iglesia. En estos días sacaron a dirigentes religiosos porque eran positivos para la Revolución.

Nosotros no estamos dispuestos a permitir que los centros de educación se conviertan en fábricas de contrarrevolucionarios y si eso es lo que pretenden sectores derechistas de la Iglesia, vamos a tener que cumplir las leyes del país que establecen que somos un Estado laico, y por tanto la educación entera pasaría a ser controlada por el Estado. Ese problema es grave. Por supuesto los partidos que están en desacuerdo con la Revolución también todos ellos son cristianos, todos ellos andan en las iglesias y son del Comité de apoyo al obispo y al arzobispo. Porque lógicamente desde el punto de vista del programa político, nadie puede levantar un programa más atractivo que el de la Revolución. Yo no me imagino a un dirigente de estos partidos de derecha hablándole al campesinado para que le devuelva la tierra a ellos, para que se la devuelva a los empresarios, o hablándole a los obreros de una fábrica para que devuelva la empresa a los anteriores dueños, o para que los obreros ya no formen parte de los consejos directivos de la empresa, o decir que están en desacuerdo con que la educación sea gratuita, incluso la universitaria. No vemos qué otro tipo de cosas pueden ofrecer, salvo cosas más radicales que las que nosotros ofrecemos... pero eso ya no encaja con la lógica de los que adversan a la Revolución.

Entonces se suman a los que alrededor de la Iglesia forman una campaña confusionista, que obviamente está vinculada por lo menos en lo político, con toda la agresión norteamericana que sufrimos. No obstante esta actividad no constituye tampoco un grave peligro. Creemos que lo más grave, es que la política norteamericana pueda llevarnos a una situación de guerra. Entonces lo poco que hemos podido avanzar en medio de estas dificultades se acabará totalmente. Y precisamente por eso, es que hay que hacer grandes esfuerzos para presionar por todos lados y hacer que Estados Unidos rectifique su política hacia la región y entre en un proceso real de diálogo y de entendimiento.

Y la principal dificultad es el riesgo de esa guerra. Cuando uno mira para adelante ve que las mayores dificultades están ahí enfrente y es tarea de todos evitar la conflagración. En esto hacemos todo nuestro esfuerzo, tratamos de estar cada día más preparados porque sabemos que no es lo mismo ir a agredir a alguien que sólo puede movilizar a diez mil hombres para defenderse que ir a agredir a alguien que puede mover centenares de miles de hombres. Se tiene que pensar más un disparate de esa naturaleza. Por otra parte hacemos todos los esfuerzos para propiciar un diálogo, un entendimiento en la región que nos permita realmente vivir en paz y con dignidad.

"SUFICIENTE PUEBLO HAY EN NICARAGUA"

En la noche nos dijeron:

—No sabemos si podemos viajar.

—¿Por qué?

—Eso lo decide el enemigo. No queremos arriesgarlo.

—Tengo que ir a la frontera.

—Mañana lo vemos. De todos modos se despierta a las cinco y media por si salimos.

—Estaba acordado que iríamos.

—Haremos lo posible. Veremos como están las cosas.

Y a la mañana temprano nos pusimos en marcha. De Ocotal hacia arriba, hacia Jalapa, el camino viboreaba. Era una zona con cortes escarpados, laderas de pronto suaves, terreno de agricultura y de arduo trabajo campesino.

—Aquí es una zona peligrosa de emboscadas —nos dijo el conductor del vehículo, una de las veces que nos detuvimos en la vía barrosa en esa mañana de lluvia—. Por eso tenemos que tener todos estos controles.

Era una región de maíz y plátanos, de arroz.

En un momento el conductor dijo:

—Aquí hace poco mataron a dos médicos. Una emboscada. Salieron desde ahí —dijo señalando un monte espeso que quedaba más allá del corte junto al camino.

Nos detuvimos en el cruce de un riachuelo, donde el puente había sido volado por los contras. El compa que iba con la metralleta apuntando hacia la montaña se apeó y miró con atención a un lado y otro. Allí, como en todo el camino, se veía en la cresta de las montañas a sandinistas montando guardia. Eran puntos oscuros sobre el verde del monte.

—Estamos rastrillando esa zona —comentó el conductor.

El de la metralleta, con su uniforme verde y su gorro a un costado, me dijo:

—Quédese por aquí.

—¿Cómo te llamas?

Nos miró y con gran seriedad dijo de un tirón:

—Roberto Suazo Maizda es mi verdadero nombre. Soy de la primera capital de la Revolución Popular Sandinista y Antimperialista. Metropolitano y leonés ciento por ciento.

—¿Cómo has vivido la agresión en esta zona?

—En toda forma. ¿Hechos concretos? Tenemos de cómo masacraron a la gente que es humilde, que no se mete en nada, como esta gente. Y tenemos mejor aquí el reflejo de ellos que mejor lo podrán decir. Agarran a gente que no está involucrada en nada. Ellos creen que de esa forma van a amedrentar al pueblo, que lo van a ambientar y vamos a tirar las armas... y que vamos a correr. Eso no, eso nunca, porque si fuera un pueblo armado muy débil ya se hubieran tomado aquí, que Teotecacinte, que El Portillo, que El Ojo del Diablo, infinidad de lugares. Yo quiero expresarle tantas cosas, pero no sé... porque a veces a uno le da psicosis de agarrar y tirar balazos por la situación de guerra que estamos viviendo ahorita, y que a cualquier costa nosotros vamos a llevar adelante siempre.

Caminamos unos cincuenta metros en silencio al borde del camino y él sin mirarnos, de pronto dijo:

—Ahora yo estoy aquí, yo vengo colaborando con ustedes, porque yo digo, si les pasa algo... si le pasa algo a este compa... porque bajo mi responsabilidad moral yo no quiero que a ninguno de ustedes les pase algo. ¡Patria libre! Si esos jodidos van arriba contra un compa, allí voy yo también. Pero eso no. Eso nunca. Esto no va a caer. Ahí tenemos gente. Suficiente pueblo hay en Nicaragua... y una moral combativa como para no dejarse vacilar por nada.

—¿Cuánto llevas aquí?

—Tengo alrededor de cinco meses en esta zona de Jalapa. Tuve un hostigamiento en que cayeron unos compas a la par mía. Inclusive vea, yo caí herido. Tengo heridas. Yo saqué a un compañero de la línea de fuego, que es por lo que nos caracterizamos los sandinistas. Si un compañero cae no lo dejamos. *Eso nunca. Debe ser rescatado y dado a la familia y por lo menos lo enviamos a donde sea, aunque esté muerto. No nos caracterizamos como ellos, que cuando caen, los dejan y disparan.*

—¿Y cómo fue el hecho?

—Nosotros éramos diez y ellos eran no sé cuántos, muchos, muchísimos. Querían tomar el pueblecito de La Milla. Entraron como a las seis de la mañana y lo hicieron bang-bang, bang-bang. Nos mortereaban por todos lados. Estábamos perdidos. Pero como siempre, la moral combativa de nuestros soldados. Aquella decisión. Nosotros supimos darles respuestas contundentes. Y lo hicimos. Y conseguimos que retrocedieran. Y eso nos causó tres bajas. Yo sólo tenía esta AK, el otro tenía una DP, ametralladora liviana, y todos los demás sus B-Z. El agresor traía armamentos desde artillería, fusilería, venía bien equipado. Era armamento tremendamente muy bueno para que se dejaran doblegar por nosotros.

Pasó un camión con milicianos y él comentó:

—Usted que ahora va para esos lados se va a dar cuenta de la situación que estamos viviendo en Nicaragua.

Al costado del camino había un anciano y varios jovencitos en silencio y nos acercamos a ellos. Lo saludamos y el viejo se presentó como Jesús Espinoza Polo.

66

—Soy agricultor de maíz y trabajamos en grano. Maíz y frijol —nos dijo—. La familia somos nueve, por todos, pues. Hasta la vez nos sentimos tranquilos, estamos tranquilos, pero no vivimos ataques, sólo rumores. Gracias a Dios estamos protegidos.

—¿Y cómo está el trabajo?

—Ha cambiado bastante. Ahora por lo menos... Yo tengo un chavalito que lo mandan para el tabaco y por lo menos está ganando. Y eso ayuda. Y es una ayuda... Lo que nunca habíamos visto, pues, desde tiempo atrás. Ahora estamos mirando todo. Tranquilos y con confianza. Así estamos.

El vehículo estaba nuevamente al lado nuestro y seguimos el camino bajo la lluvia que recomenzaba. A los pocos minutos nos empezaron a indicar zonas de emboscadas y más adelante depósitos de tabaco que habían sido incendiados por los contras. La situación era particularmente tensa porque nos habían dicho que se esperaban nuevos ataques, nuevas invasiones de un momento a otro.

Cuando llegamos a Jalapa y pasamos el puesto de entrada, caía un aguacero. Roberto Suazo se quedó en el camino con la mano extendida y nos internamos entre pequeñas casas de colores y calles de barro. Nos detuvimos junto a un local amplio con un muro amarillo. Y allí nos condujeron mientras el comandante Javier Pichardo, destacado en la zona, conversaba con un grupo de periodistas a quienes decía:

—...en estos días la contrarrevolución se está agrupando y se está organizando. Con la última derrota perdieron muchos cuadros de mando, y es muy posible que en las próximas horas ejecuten una operación mayor que las hechas hasta el presente. Y creemos que eso también va a ser apoyado por el ejército hondureño. Por fuentes públicas sabemos que Honduras tiene el ejército concentrado en algunas direcciones importantes hacia nuestro país. En zonas muy cercanas a donde estamos tiene apostados cuatro batallones de infantería y dos de artillería. Tiene incluso artillería pesada, morteros de calibre 160. Estos —dijo tomando unos restos— son granadas que han tirado a nuestro territorio. Este es de calibre 120 mm., y éste que es el mayor que tienen, es de 160. Pero esto no lo traen los contrarrevolucionarios, lo tiene el ejército hondureño. Esto fue lo que mató a una niña y luego a unos civiles en Teotecacinte. Es un armamento pesado que es imposible, absolutamente imposible que tenga la contra. El peso de la pieza que tira esto es de 500 libras y la granada pesa 96 libras. Entonces ellos tienen esa artillería emplazada en territorio hondureño y seguramente, si hay nueva invasión, va a ser apoyada con este tipo de piezas. Esta es un arma terrible. Es un arma que se usa fundamentalmente contra fortificaciones por su calibre.

Los hondureños —agregó— han apoyado con artillería las invasiones previas. Esto es una prueba. Claro, nosotros enseñamos esto para mostrarlo, pero tenemos bastantes más. No solamente con artillería sino que participaron algunas unidades de infantería. Nosotros estamos aquí preparados, listos, dispuestos a repeler cuanta agresión venga. Nuestra población participa, defiende. Al pueblo lo organizamos en lo que llamamos autodefensa. Y en Teotecacinte se hizo. Se organizó la autodefensa, se echó a andar incluso la defensa civil. Cuando estuvieron bombardeando Teotecacinte, estuvimos organizando al pueblo. Y también se hizo aquí en Jalapa. Tenemos un sistema de alarma, tenemos fuerzas y destacamentos de la misma población, que van a tomar las armas en el último caso, porque nosotros creemos que no van a venir aquí, pero no podemos descuidarnos. La autodefensa la hacemos como principio y la desarrollamos en toda la zona fronteriza.

—Nosotros tenemos problemas porque también —siguió— la vida económica de esta zona se ha afectado seriamente. Por ejemplo, en Teotecacinte la mayor parte de la riqueza es la siembra de tabaco. Y el tabaco se almacena en unas estructuras muy grandes, en galerones que son muy difíciles de defender porque se encienden rápidamente en los combates. En los últimos combates se incendiaron todos los galerones. Estamos hablando aproximadamente de treinta. Nosotros ahora no podemos sembrar tabaco en Teotecacinte. Y eso también trae como consecuencia el desempleo de una parte del pueblo. El gobierno en combinación con nosotros está tratando de generar otras fuentes de empleo en Teotecacinte. Sembrando otra cosa, porque los galerones fueron destruidos. Y si volvemos a construirlos... nadie nos garantiza, porque no se puede defender un galerón de esos. Y desde luego hay una serie de refugiados, no solamente de Teotecacinte, sino también de otras comarcas y valles cercanos a Jalapa. Se están haciendo todos los esfuerzos para tratar de resolver esa situación. Aquí hubo hasta tres mil refugiados del campo. Y tenemos que agregar que las intenciones de tomar Jalapa son claras. No sabemos cuando pero no han desistido de tomarla. En este municipio hay 18 mil habitantes. Ellos tienen la fuerza aérea en sus bases y no hay que descartar su apoyo aéreo, porque si ya lo hicieron con artillería y no les dio resultado, es posible que el apoyo sea mayor. Eso no lo podemos determinar.

Cuando terminó la reunión con los periodistas salimos y había cesado la lluvia. Un grupo de niños que caminaba por la calle decía a viva voz:

> Aquí en Jalapa,
> pasa lo que tiene que pasar,
> por eso a la contra
> la vamos a aniquilar.

Y otro estribillo:

> Perros eran
> perros serán
> de la frontera
> no pasarán.

Entramos en un bodegón en el que en largas mesas de madera almorzaban decenas de miembros del Ejército popular, milicianos, civiles. Conversaban animadamente, hacían vaticinios sobre lo que parecía avecinarse, recordaban las peripecias vividas. Nos ubicamos en un banco y antes de que viniera la cerveza y el almuerzo conversamos con el compa que estaba a nuestra derecha y que nos dijo:

—Yo me llamo Pablo Emilio Talavera y ahorita estoy ubicado en la unidad de Casas Viejas. Soy el Jefe de allí. Recibimos una agresión bastante fuerte del enemigo. El combate empezó como a las siete de la mañana. Estábamos terminando de desayunar con la tropa y en el puesto de mando había sólo doce hombres. De esos doce nosotros tuvimos dos bajas y tres heridos. No fue pa' tanto, para que el enemigo se pudiera internar en nuestra trinchera, porque le supimos dar respuesta y se respiró, pues. Nosotros al enemigo le causamos catorce bajas. El enemigo atacó con morteros de 60 mm., y ametralladoras 60, lanzacohetes RPG7 y fusiles FAL y AK chinos. No hicimos ningún prisionero, porque nuestras fuerzas eran pocas, pero pudimos dar respuesta rápidamente. Ellos empezaron a retirarse cuando vieron que fue difícil internarse en la trinchera. Como a las tres de la tarde comenzó el enemigo a retirarse hacia el lado de Honduras, porque tenían bastantes muertos y tuvieron que retirarlos en bestias. Estaban a cinco kilómetros de la frontera. Entre ellos había mercenarios y guardias hondureños.

71

El que estaba al frente, Luis Enrique Padilla, nos tendió una cerveza y dijo:

—La población campesina también ayuda, responde con coraje y amor a la patria. Yo estoy desde el día del triunfo colaborando con el Ejército Revolucionario. Estaba estudiando medicina.

Y después de una pausa nos aclaró:

—Todos estos compas son de la Juventud Sandinista. La mujer, las compas, luchan a la par del hombre. Son brazos... están ayudando al proceso. Tanto uno como hombre, como la mujer, nos sentimos satisfechos de participar. Ellas también van y combaten con responsabilidad...

—¿En qué tarea has estado últimamente?

—En el rastrilleo de las montañas en busca de guardias somocistas. Ahí más que nada está el sufrimiento de uno y los riesgos andando descalzo uno. En estos momentos hay gente infiltrada en la montaña, hay campamentos cerca de la frontera con Honduras. En estos días desmantelamos uno, en un rastrillo. La gente campesina nos dice cuando hay campamentos.

—¿Y los campesinos no colaboran con la contra?

—En ciertos operativos que se han montado se ha detenido gente que colabora, gente que ayuda en comida y municiones. Gente que como tiene dinero no está a la par del pueblo. Entonces a ellos les conviene que la gente somocista que se fue al exterior, vuelva a regresar para ayudarlos en la explotación del campesino, del proletariado se puede decir. Entonces esa gente colabora con ellos. Y nosotros cuando los descubrimos los investigamos pero los dejamos en libertad. La Revolución es tan fuerte que... se habla con ellos y se les explican los objetivos y después los dejamos ir. Aquí se ha trabajado mucho con la alfabetización.

A mi izquierda una compa leía una carta; la doblaba y reabría nuevamente para recorrer su escritura apretada. Miré sus ojos y rostro oscuro y le pregunté:

—¿Cómo te llamas?

—Carolina. Soy de la brigada Omar Torrijos Herrera.

—¿Y cuál es tu trabajo?

—Político, es decir apoyar en todo momento a los compas que están en la lucha. Y en el tiempo libre nosotros les explicamos cómo es la situación en nuestro país, por qué ellos están luchando por nosotros. Ellos están viviendo una lucha que es indiscutible para nadie. Nosotros formamos parte de una revolución que es obrera y campesina y servimos para formarlos a ellos. Que no sea sólo el combate, sino que se den cuenta de cómo está la situación, los avances que hemos tenido, y las escuelas, los hospitales, que ellos sepan cómo está nuestra Revolución avanzando.

—¿Estás ubicada en Jalapa.

—No, estoy en el Escambray. Nosotros estamos frente al cerro en el sur. Y hace unas semanas el enemigo

73

entró en nuestro territorio en ese punto. Dispararon un día contra unos compitas que no eran compas de nosotros sino gente civil. Ellos todo movimiento que miran, enseguida disparan. Antier se dio eso también. Es para tenernos a nosotros en constante movimiento, para que estemos alerta, —me señaló la muchacha, de verde olivo que estaba a su frente y siguió: —Mi compañera estuvo en Teotecacinte y yo en el Escambray. Nosotros no los agredimos, son ellos los que agreden. Lo hacen siempre. Nosotros estamos tranquilos y lo vamos a seguir estando. Nosotros somos pacifistas, queremos la paz. Pero si nos agreden, vamos a estar aquí en la trinchera siempre. Nunca vamos a retroceder. Siempre tenemos que estar. Pero nosotros no los tocamos ni queremos. No queremos más muertos, ya ha habido demasiados.

—¿La gente tiene temor?

—Hay en Teotecacinte gente con temor, ahí no se puede estar. Hay agresiones a cada rato. No respetan nada. Y últimamente los helicópteros están pasando y pasando. Eso lo están haciendo ellos. Piensan que haciendo eso... Y nosotros sabemos que están esperando del otro lado de la raya para invadirnos en cualquier momento.

—¿Son helicópteros de reconocimiento?

—Nosotros cuando los vemos sabemos que son armas que les traen. Sabemos que se están equipando. Pero nosotros aquí los esperamos. A esta Revolución no la detiene nadie, no hay fuerza humana que la detenga.

—¿Y cómo es el trato con los compas?

—¿Con los compas? No tenemos ningún problema. Ellos son muy tranquilos y tratan igual a las mujeres que a los hombres. Nosotras tenemos que reconocer ante ellos que estamos cambiando porque la Revolución es cambio. Aquí la mujer está siempre lista. Tenemos iguales derechos. Somos todos iguales. Eso es lo que hay que enseñarle a los compañeros y ellos lo entienden. Y nosotras nos vamos desarrollando a la par de ellos. Yo estudio y trabajo. Estoy en segundo año de pedagogía y trabajo de secretaria.

La de verde olivo que estaba al frente se llamaba Elida García. Nos dijo:

—Yo estoy prácticamente trabajando en todos los sectores. Tanto en las milicias como en la vida civil. Ahorita mi tarea está con las Fuerzas Armadas, pero en determinados momentos somos desmovilizados y nos integramos a la población. Ahí trabajo con los organismos de masas.

—¿Cómo viviste lo de Teotecacinte?

—Cuando llegamos nos encontramos con el ataque del enemigo y allí fui ubicada, después que pasaron las etapas más duras de la agresión. El enemigo tuvo todo el apoyo del ejército hondureño. La mayoría de nuestros muertos fue por los rockets que nos lanzaba el ejército hondureño y que los dejaba totalmente destrozados. Y aquellos estampidos uno tras otro. Y ellos lanzaban una ofensiva con cientos de hombres.

Y otro *compa* que estaba enfrente, Abel Sánchez Hernández nos contó su experiencia en Santa Emilia y nos dijo que los contras avanzaban protegidos por el mortereo del ejército hondureño.

Volvimos a la calle, había sol, un poco a la izquierda casas de grandes aleros y paredes de colores. A unos cien metros unos cerdos y unas gallinas en medio de la acera. Sobre la derecha un intenso movimiento militar, camiones que partían, destacamentos que iban y venían. Hombres y mujeres uniformados movilizándose con sus atuendos verdes y kaki, con sus gorros de paño y sus cascos, con sus armas. Un muchacho de veinte años, Flavio García me dio un cigarrillo y nos pusimos a conversar:

—Yo he andado ahora, —empezó— en lo último, porque soy del batallón 3.011. Yo fui el primero que fue a la punta del batallón hasta que se desmovilizó. Cuando se nos movilizó se hizo en las esquinas del poblado. Después fuimos a Santa Clara y de Santa Clara a Limón. Y estuvimos en la montaña. Es muy duro y la montaña queda bien grabada en la cabeza. Nosotros estábamos allá y comíamos lo que encontrábamos. A veces alguna tortilla fría o frijoles fríos que llevábamos. Y si no lo que encontrábamos. Teníamos unos puestos en los que guardábamos lo que después íbamos a comer... Y cuando alguna res se nos aparecía en la montaña, por el hambre que teníamos... Evidentemente las cosas son difíciles. Lo mejor era cuando encontrábamos una res... hacerla nuestra y ya...

"ELLOS SIEMPRE HAN ATACADO A LOS VIGILANTES REVOLUCIONARIOS ALFABETIZADORES Y MAESTROS"

¿Qué armamentos usan los contrarrevolucionarios? ¿Cuántas bajas han causado al pueblo de Nicaragua? ¿Cómo se ha manifestado el proceso de ataques contrarrevolucionarios con apoyo exterior? ¿En qué casos criminales ha estado involucrada la CIA? Para develar estas incógnitas contamos con las versiones del Comandante de Brigada Julio Ramos, Jefe de la Dirección de Inteligencia Militar del Ejército Popular Sandinista, y con el Comandante Lenin Cerna, Jefe de la Dirección General de la Seguridad del Estado.

Ramos es un hombre corpulento y afable, que usa un kepis pequeño en medio de la cabeza y lentes gruesos, habla pausadamente y como escogiendo cada palabra. Con él hablamos de camino hacia el norte del territorio nicaragüense, cuando nos dirigíamos hacia la zona fronteriza.

La opinión de Lenin Cerna la recogimos en una charla en Managua con participantes de la Conferencia sobre Centroamérica.

COMANDANTE DE BRIGADA JULIO RAMOS JEFE DE LA DIRECCION DE INTELIGENCIA MILITAR DEL EJERCITO POPULAR SANDINISTA.

Nosotros creemos que la contrarrevolución oscila entre los seis y siete mil elementos, ubicados fundamentalmente en Honduras. En esa cifra no incluimos a los que existen en Costa Rica. Esos siete mil, en términos generales están armados en cuanto a fusilería, tienen fusiles FAL, que eran los anteriores que usaba el ejército hondureño —y que a partir de dos años atrás fueron cambiados por M 16 norteamericanos— y recientemente introdujeron un lote de armas AK de fabricación china. Eso tienen los contra.

El resto de las armas, morteros, ametralladoras, todas estas son armas de paquete. Sabes que nosotros decimos de paquete cuando son armamentos nuevos. Son ametralladoras M 60, morteros de 80 y 60 mm. Y hasta tenemos entendido que hay más armas que hombres. Unas dos o tres mil armas que no tienen quién las maneje. Eso se da desde que les llegaron las armas chinas.

Te puedo decir que es en los últimos seis u ocho meses que la contra se convierte en ejército. Lo anterior eran voladuras de puentes, atentados. Ellos se convierten en "fuerza de tarea" —éste es un término norteamericano que lo utilizan mucho las fuerzas especiales— de 250 a 300 hombres. Lo que serían cuadros y pelotones dentro de la terminología clásica.

Te voy a explicar los diferentes momentos de sus ataques. En diciembre, a partir de algunos fracasos que tuvieron con la forma guerrillera, de ir asentándose en la población, ellos avanzan desde la frontera sobre Jalapa. La frontera queda a pocos kilómetros de Jalapa. Avanzan de noche en una forma irregular y empiezan a establecer trincheras en algunas alturas. Incluso quizá lo hacen regularmente, con trincheras y uso de morteros y todo eso. Pero les sale un fracaso. Y emprenden una reorganización, una revaluación sobre qué tácticas son las adecuadas.

Por marzo ellos determinan pasar a la profundidad del territorio nuestro, con esa misma "fuerza de tarea", con el mismo tipo de organización buscan introducirse al país y crear una base social y abastecerse militarmente por medios aéreos. Había un diseño de logística que estaba montado. Al principio, cuando ellos se internan, nos sorprenden un poco. Se meten en las zonas más montañosas y más despobladas y nosotros no contamos en esos momentos con una información excelente. Sabemos, eso sí, que hay dos o tres "fuerzas de tarea" que van a infiltrarse en un período dado en un sector de la frontera. Y a estas las desbaratamos en tres o cuatro días. Eso pasó en la guardarraya. Y cuando ellos lograron pasar a la profundidad, no pudieron asentarse. Nosotros organizamos militarmente nuestras fuerzas para la persecución. No les damos posibilidades de que se asienten y obligamos a las fuerzas más penetradas a salir. Después se vuelve a replantear la situación. Y el

Estado Mayor de ellos analiza por qué las cosas no salieron. Y es que ellos no habían tomado en cuenta el elemento político.

Después, a fines de mayo, a principios de junio, aunque con una forma regular, con mayor esfuerzo toman un par de lomas, hacen trincheras y se instalan a dos o tres kilómetros de la frontera. Y combaten regularmente con nuestro ejército. Nuevamente los volvemos a liquidar. Tenían el puesto de mando en la raya. Y después se crea un cierto impasse.

Ellos fundamentalmente se han mantenido en el borde fronterizo. Y las unidades que han logrado penetrar, en la mayor parte se las ha obligado a salir. Hay una o dos unidades que llevan ahí uno o dos meses, son unos ochenta hombres. Pero nosotros no hemos montado realmente un dispositivo perfecto de seguimiento porque no han hecho mayores daños. Entonces no nos hemos puesto a aniquilarlos.

Los contras han sufrido entre 1.200 y 1.600 bajas entre los meses de diciembre y julio último. En nuestra población han causado unas 700 bajas hasta los últimos meses. Nos empezaron a hacer bajas incluso cuando la campaña de alfabetización. Ellos siempre han atacado a los vigilantes revolucionarios, a los alfabetizadores, a los maestros. Han hecho emboscadas, han atacado a los dirigentes de las comunidades. En este año durante un par de meses hicieron una línea para atacar la producción. Atacaron a técnicos agrícolas y cooperativistas.

En el frente sur, con Costa Rica, usaron la táctica guerrillera clásica de infiltrarse. Ocupar los terrenos más montañosos. Ahí sí han tenido más problemas, los hemos golpeado proporcionalmente en forma más dura. Ahí literalmente hemos desarticulado y desbaratado los grupos, han movilizado contingentes más pequeños, de ochenta o cien hombres, no han adoptado la estructura de "fuerza de tarea". Penetraron a la profundidad un grupo de cien que ya salió. Y desde hace tres meses están del otro lado del río en territorio costarricense. Ellos están de una ribera y nosotros de la otra. Están por el control del río, pero como te digo, no se internan más de un kilómetro. Ahí hemos dado golpes buenos. Ahí agrupamos a las personas, hay poca población, y no le hemos dado posibilidad de que castiguen a la población local.

El peligro que siempre está latente se debe a que ellos llegaron a la conclusión de que los ex Guardias somocistas por sí solos no son capaces de derribar nuestro proceso, y que esto sólo lo ven posible con la participación del ejército hondureño e incluso de tropas norteamericanas. Y en eso están trabajando permanentemente, sin tregua.

COMANDANTE LENIN CERNA, JEFE DE LA DIRECCION GENERAL DE LA SEGURIDAD DEL ESTADO

Una vez alcanzada la victoria se comenzó a producir la actividad contrarrevolucionaria a través de grupos anárquicos que se conocieron con el nombre de "Milpas" y de "Comandos socialcristianos", posteriormente aparecieron los primeros brotes de grupos ya vinculados organizadamente con el exterior, concretamente con la CIA. Entre ellos las llamadas "Fuerzas Armadas Democráticas" (FAD), en la que estuvo vinculado el ex oficial de la desaparecida Guardia Nacional, Bernardino Larios, el ex dirigente deportivo Carlos García y el ex Director del Consejo Superior de la Empresa Privada, Jorge Salazar, muerto en una confrontación con los abnegados combatientes de nuestros organismos de seguridad, que durante las 24 horas del día han asumido la responsabilidad de enfrentar todas las maniobras y planes de la CIA para tratar de aplastar nuestra Revolución. La viuda de Salazar, forma parte de la Dirección Política de las llamadas Fuerzas Democráticas Nicaragüenses, organización contrarrevolucionaria, integrada por ex Guardias Nacionales, que armada y entrenada por la CIA ha invadido nuestro país desde campamentos instalados en nuestra frontera con Honduras.

Con el correr del tiempo surgieron con el apoyo de conexiones en Honduras, las "Fuerzas Armadas Anticomunistas", las cuales fueron totalmente aniquiladas, y el intento separatista que todavía sigue en curso, estimulado por la CIA, dirigido por Steadman Fagoth, aprovechando el abandono total en que el somocismo sumió a nuestros hermanos miskitos de la Costa Atlántica, al igual que a otras etnias de esa región de nuestro territorio. Después aparecieron algunas bandas contrarrevolucionarias, entre ellas Kalimán en Matagalpa, las de PAC en León y la del 11 de Noviembre en Diriamba, que también fueron aniquiladas luego que trataron de sembrar el terror entre nuestro campesinado, asesinando en forma atroz a varios brigadistas alfabetizadores, al mismo tiempo que incendiaban humildes casas de nuestros campesinos, sus mujeres eran violadas y robadas nuestras pertenencias.

Durante 1981, desarticulamos otras bandas enemigas de las transformaciones sociales de nuestro pueblo, entre ellas la del llamado "Diablo Rojo" en Matagalpa, la de Nieves Hernández y la que fuera calificada por nuestro propio pueblo como la de "Los Llorones", integrada entre otros por el contrarrevolucionario Leonel Póveda, quien lloró ante las cámaras de televisión al reconocerse culpable de muchas pintas que aparecieron de la noche a la mañana en Managua, y de jurar que él sería el primero en enfrentarse a los enemigos del pueblo. Hoy forma parte del "Grupo Cívico" financiado por la CIA, que frecuenta los mejores hoteles de Miami, Nueva York y otras ciudades norteamericanas como relacionista público del grupo "Arde" del traidor Edén Pastora.

Y para concluir el 81, Nicaragua conoció con sorpresa el caso de un individuo que murió totalmente destrozado en el "Parque de las Madres" con las que pretendía realizar un atentado terrorista cumpliendo instrucciones de nuestro principal enemigo, el imperialismo. Ese mismo mes todos conocimos del sabotaje planificado contra uno de los pocos aviones de la empresa Aeronica, y que de haberse consumado, habría producido la muerte a más de cien personas, incluyendo a la tripulación y pasajeros. Para ese entonces todas las actividades contrarrevolucionarias habían dejado un saldo de 130 víctimas entre brigadistas, campesinos, maestros, milicianos, reservistas y combatientes. Sin embargo es a comienzos del 82 que nuestros organismos de Seguridad ponen al descubierto una conspiración fraguada por la CIA, con ramificaciones en varios países de América Latina, para dinamitar la Refinería de Managua y las instalaciones de la Planta industrial de Cemento en el marco de una operación denominada por la CIA "Navidad Roja", mediante la cual pensaban sembrar el caos en el país con la ejecución de diversas actividades terroristas, entre ellas atentados contra altos miembros del Gobierno revolucionario y del Frente Sandinista, así como también la voladura de estaciones eléctricas y otros objetivos considerados estratégicos para desestabilizar la economía nacional.

En febrero de 1982 hacen estallar una bomba de alto poder en el aeropuerto "Augusto César Sandino" de Managua, que provocó la muerte de tres humildes trabajadores y destruyó algunas instalaciones, en los mismos instantes que decenas de predicadores y pastores religiosos financiados por la CIA que habían arribado a Nicaragua en los meses posteriores al triunfo, incrementaban su trabajo de diversionismo ideológico con la población creyente, para enfrentarla con el proceso revolucionario. Simultáneamente arriban a Honduras los mercenarios entrenados por la CIA en sus campamentos de Miami y otras ciudades norteamericanas, lo que queda perfectamente demostrado en abril de 1982, cuando esas fuerzas ya bien apertrechadas y utilizando explosivos C-4 —que nunca habían sido conocidos por los ejércitos centroamericanos— son empleados para destruir el puente sobre el Río Negro. A través del cual, según declaraciones del senador norteamericano Robert Dorman se enviaban suministros a la guerrilla salvadoreña, pretexto que otras veces han utilizado para justificar sus acciones desestabilizadoras de nuestra Revolución, y acto que además afectó seriamente nuestra economía.

Es entonces cuando todas las denuncias formuladas por los miembros de la Dirección Nacional del FSLN, sobre los planes de guerra encubierta de la CIA contra Nicaragua comienzan a merecer cierta atención por parte de algunos medios de comunicación influyentes de EE. UU. Es ahí que por primera vez un Presidente de EE. UU. no desmiente una noticia que hace filtrar a los periódicos, según la cual destina en febrero del 82, 19 millones de dólares para financiar los planes de la CIA contra Nicaragua. Por supuesto que ese es otro engaño al pueblo de EE. UU., ya que el verdadero monto de los recursos económicos que la CIA ha utilizado para tratar de destruir la Revolución, no sólo desde el punto de vista militar, fortaleciendo con modernos equipos todas las unidades militares contrarrevolucionarias acantonadas en Honduras, sino los cuantiosos gastos de propaganda negra o de guerra sicológica a través de las transnacionales de noticias, articulistas, periódicos, revistas, emisoras de radio como la "15 de Septiembre" y la que utiliza el traidor Pastora en Costa Rica, así como todos los recursos humanos que ha movido a nivel internacional para bloquear económicamente a Nicaragua y para tratar de aislarnos diplomáticamente, han significado erogaciones multimillonarias en perjuicio de los contribuyentes norteamericanos que por supuesto están en contra de los crímenes que ejecuta la administración Reagan en Nicaragua.

"OTROS CASOS CRIMINALES DE LA CIA".

Fue en Masaya donde la CIA pretendió inútilmente en agosto del 82, enfrentar al pueblo con su vanguardia revolucionaria para lo que movilizaron bajo engaño a grupos de nicaragüenses para tratar de dar inicio a una supuesta guerra religiosa, queriéndose aprovechar de los sentimientos de nuestro pueblo. Pero también fracasaron y todos esos planes y otros de mayor peligrosidad fueron puestos al descubierto en octubre de ese año, cuando el ex agente de la Inteligencia argentino Héctor Frances, revelara la estrategia del terror, que la CIA había diseñado y que tuvo su expresión concreta sólo dos meses antes, cuando un grupo especializado penetró en nuestro país desde Honduras para destruir más de treinta camiones y equipos de construcción de carreteras en la zona

"Iyas" en el departamento de Zelaya Norte, asesinando además a un obrero.

El ex agente Frances García, reveló el monto de las ayudas económicas que la CIA distribuye desde la embajada americana en Tegucigalpa a cargo de John Negroponte a los asesores que en número cada vez mayor son incorporados al igual que los 120 boinas verdes, que adiestran a somocistas y a los ejércitos de El Salvador y Honduras. Ello compromete aún más la paz en la región centroamericana.

Frances García también informó que a la CIA correspondió el papel de tratar de unificar a todos los grupos de contrarrevolucionarios somocistas alrededor del llamado "Frente Democrático Nicaragüense", bajo la dirección de un estado mayor conjunto, integrado por el Jefe de las Fuerzas Armadas Hondureñas, Gral. Gustavo Alvarez Martínez, el argentino José Ollas —más conocido como Villegas—, los ex oficiales somocistas Enrique Bermúdez y Emilio Echeverry y los oficiales de la CIA que utilizan los seudónimos de "Mike" y "Alex".

En febrero de este año, en momento en que la CIA preparaba nuevas "fuerzas de tarea" para tratar de apoderarse de la heroica ciudad de Jalapa a pocos kilómetros del borde fronterizo, los Organismos de Seguridad capturaron al guatemalteco Gregorio Nájera, quien confesó ser miembro de la "fuerza de tarea" del contrarrevolucionario somocista Benito Bravo, para realizar trabajos de inteligencia en

Nicaragua, luego de recibir entrenamiento de dos oficiales de la CIA en Tegucigalpa: Stevenson y Richard Smith, así como también sus vinculaciones estrechas con el oficial hondureño "Pío Flores", quien fue el que le contactó inicialmente con el oficial de la CIA "Tallone". En esa oportunidad los corresponsales extranjeros pudieron escuchar estas informaciones proporcionadas directamente por el detenido y al mismo tiempo escuchar de sus propios labios el tratamiento respetuoso de los derechos humanos en Nicaragua, totalmente distinto a la forma criminal y salvaje como son asesinados los humildes campesinos de nuestro país que son reclutados y se niegan a formar parte de sus filas contrarrevolucionarias.

Hay otros casos criminales en los que se constató responsabilidad directa de la CIA, como la caída del helicóptero en Ayapal, al norte del país, donde perdieron la vida 75 niños. Y la misma CIA trató de infiltrar explosivos del tipo C-4 en juguetes infantiles aprovechándose de las fiestas de Navidad más recientes, lo que constituye sin lugar a dudas un crimen que sólo es comparable a los que cometieron en Vietnam.

Y existe otro hecho que ha sido desnaturalizado por las agencias transnacionales de noticias, pero que de ninguna manera pudieron rebatir: me refiero al crimen monstruoso que la CIA había premeditado cometer en la persona de nuestro Canciller, el sacerdote Miguel D'Escoto, hace escasas semanas, mediante la utilización de una botella de vino

Benedictine envenenada con una sustancia llamada talio, que de no haber sido descubierta al igual que todo el plan, habría ocasionado ya la desaparición física de un compañero que ha dedicado toda su vida a los pobres y a los humildes de nuestro pueblo y de la tierra.

EL PRECIO
DE LA AGRESION

Nicaragua se ha visto obligada a movilizarse continuamente para enfrentar la situación de agresión que en diversas modalidades ha venido soportando casi desde el mismo momento del triunfo de la Revolución Sandinista. Ello ha significado la distracción de importantes recursos humanos, financieros y productivos en tareas de defensa, y por tanto quitándoselos al desarrollo de urgentes programas económicos que debían impulsar sin demora debido al estado en que se encontraba el país.

Esta situación que viene enfrentando ha provocado no solamente la muerte de numerosos técnicos, campesinos y obreros, sino pérdidas materiales cuantiosas y un enlentecimiento de los planes de desarrollo. Por otra parte hay que recordar que las movilizaciones populares en la defensa, la necesidad de mantener importantes contingentes en el frente de guerra, afecta el trabajo en la producción. Y que el bloqueo económico a que ha sido sometido el país, ha trabado la obtención de préstamos y abastecimientos básicos, la posibilidad de mantener su tren productivo por la falta de materia prima, y por dificultades de colocación de sus productos tradicionales en los mercados habituales y a los precios acostumbrados. No debe tampoco olvidarse la fragilidad económica de Nicaragua, y la distorsión de su producción a que la había sometido todo el largo pasado dependiente del somocismo. Pero ciñéndonos inicialmente a los problemas económicos derivados de la agresión militar debemos señalar como hechos centrales, los siguientes:

—El abandono de las siembras, en particular las de granos, en distintas zonas del territorio.

—La destrucción de vehículos, camiones, equipos de carretera.

—El retraso en la construcción de caminos, viviendas y otras edificaciones.

—El retraso en la construcción de obras hidroeléctricas.

—La voladura de puentes.

—La quema de bosques en grandes escalas.

—La destrucción de escuelas, centros de salud y otras edificaciones.

Estas destrucciones y sabotajes han sido respondidas por el Gobierno con la creación de cooperativas de autodefensa en el campo, vigilancia revolucionaria en las ciudades —para evitar los sabotajes— y otras medidas que han significado una sostenida movilización de recursos humanos. Así se lograron frustrar numerosas acciones conspirativas contra los bienes del país. También se implementaron planes de emergencia para la siembra de granos, para la construcción de caminos y la profundización de la reforma agraria en las zonas de guerra. Pese a la adopción de estas medidas el proceso de recuperación económica se ha resentido y los pobladores han debido afrontar dificultades de abastecimiento, que se han visto acrecentadas por la escasez de divisas para la importación.

Se han realizado estimaciones preliminares de los daños causados por la agresión en períodos determinados. El periódico "Barricada" hace algunos estudios sobre el punto, que nos sirven de base y guía para dar a conocer cifras de estos efectos en la producción del país.

600 MILLONES PERDIDOS EN LA GUERRA

Entre mediados de 1982 y mediados de 1983, un primer recuento incompleto, señala que la guerra provocó pérdidas por un total de 612 millones de córdobas —la cotización bancaria del córdoba es de 26.5 por dólar—. Esta cifra incluye 146 millones por la destrucción de equipos, 362 por daños a la producción y 104 por lucro cesante. Este último punto solamente se refiere a las exportaciones de madera y de oro que no se pudieron realizar.

La cantidad enunciada representa entre el dos y el tres por ciento del producto interno bruto del país. No obstante se la considera muy por debajo de las verdaderas pérdidas por que no registra lo que se dejó

97

de producir por la movilización de trabajadores, técnicos y de profesionales en la tarea de la defensa, así como tampoco contabiliza la asignación de recursos hacia la defensa para garantizar la alimentación y la salud de los combatientes movilizados en las zonas de guerra.

ATRASOS Y SABOTAJES

El Ministerio de la Construcción reportó unas pérdidas totales cercanas a los 50 millones de córdobas por sabotajes, que se distribuían de esta manera:

—Más de 25 millones de córdobas por atrasos en el mantenimiento de la red vial existente. Ello significa que en algunas regiones del país se han deteriorado los caminos de penetración y se ha hecho imposible extraer las cosechas.

—9.5 millones de córdobas en la carretera Waslala-Siuna, de los cuales 3.5 millones corresponden a la destrucción del plantel de carretera en 1982.

—9.3 millones por atrasos en el mejoramiento de las pistas aéreas de Puerto Cabezas y Rosita.

—2.5 millones por el sabotaje en los planteles de la carretera Río Blanco-Siuna.

EN LA EDUCACION Y LA SALUD

En este período el Ministerio de Salud tuvo que interrumpir campañas de vacunación masiva y debió cerrar quince puestos de asistencia debido a las condiciones impuestas por la guerra.

En dicho lapso se reportó la muerte de doce médicos, entre ellos dos internacionalistas, asesinados junto con la población civil, en ataques contrarrevolucionarios.

En materia de educación la situación ha sido aún más difícil. Se cerraron 310 centro de educación popular y fueron totalmente destruidas dos escuelas primarias. Fueron asesinados por los incursores 37 maestros y 8 profesores.

EN MATERIA PRODUCTIVA

Los daños más grandes fueron causados en los sectores agropecuario y forestal, aunque también se afectaron el minero y la pesca. Fueron incendiadas 40 mil hectáreas de pinos, lo que representó una pérdida de 200 millones de córdobas.

La contrarrevolución secuestró a brigadas de trabajadores, les robó su equipo de trabajo, quemó las oficinas y los dispensarios.

La baja en la disponibilidad de madera no es ajena a esta situación. Desde el triunfo de la Revolución la oferta no ha logrado llegar al 50 por ciento de la oferta anterior, y con la implementación del proyecto Empresa Forestal del Noreste, se buscaba superar los niveles anteriores y satisfacer la demanda nacional. Las actividades bélicas en la zona han comprometido dicho proyecto, y han causado además consecuencias negativas en la construcción.

El MIDINRA ha hecho estimaciones por las que concluye que las pérdidas en el sector agropecuario llegan a los 250 millones. De esa cifra más de 135 millones de córdobas corresponden a la agricultura, 13 a la ganadería, 10,5 a las pérdidas en maquinarias y equipos y 91 millones en obras de infraestructura. Entre los sectores más afectados se cuentan las cooperativas campesinas, que han tenido pérdidas por más de 100 millones de córdobas, sin mencionar los 8 campesinos asesinados y los 40 secuestrados.

La región que ha sido más sensiblemente afectada es la de Nueva Segovia, Madriz, Estelí. Allí está la empresa Laureano Mairena que sufrió pérdidas por un total de 72 millones, de los cuales más del 60 por ciento se deben a la destrucción de edificios e infraestructura para la fabricación de cigarros.

En la zona de Matagalpa y Jinotega, los golpes han sido esencialmente dirigidos al sector campesino en donde la contrarrevolución ha causado 106 muertos y ha provocado daños por 35 millones de córdobas, principalmente en Yalí y Wiwilí.

No obstante debe aclararse que los efectos económicos de estas pérdidas resultan poco significativos en comparación con la baja de producción provocada por la acción terrorista, que hace a los campesinos replegarse hacia las zonas más cercanas a las ciudades. Ello impide la llegada oportuna de insumos y técnicos, con la consiguiente disminución de la producción campesina de granos. La implementación de las cooperativas de autodefensa, ha empezado a dar respuesta a esta situación.

MOVILIZACION DE TECNICOS

Las pérdidas económicas no pueden ser evaluadas solamente en cuanto a los daños materiales ocasionados por la conflagración. Se deben incluir también los muertos en emboscadas mientras cumplían con su deber, y los que han debido ser movilizados en los Batallones de Reserva y en las Milicias y tienen que abandonar su puesto de trabajo para ir a defender el proceso. En el período mencionado 7.616 trabajadores del Estado fueron movilizados en los Batallones de Infantería y 3.215 en las Milicias Populares Sandinistas. De esta cifra, 157 cayeron en combate o fueron asesinados.

LAS AGRESIONES INTERNACIONALES EN MATERIA ECONOMICA

Fuera de estas anotaciones sobre notorias consecuencias económicas de la situación de guerra a que se ha sometido Nicaragua agregaremos algunas de las manifestaciones de la política económica norteamericana para desestabilizar al gobierno sandinista. Estas son básicamente de tres tipos. O bien están relacionadas con el corte de la ayuda bilateral, o el ejercicio de presiones financieras o con el bloqueo o guerra comercial.

En lo que se refiere al corte de la ayuda bilateral:

—El 1° de febrero de 1981 se suspendió el desembolso de 15 millones de dólares que formaban parte de un préstamo de 75 millones.

—El 2 de marzo de 1981 se suspendió el préstamo de 10 millones de dólares para la compra de trigo bajo el programa de la Ley 480.

—El 3 de abril de 1981 se anuncia la suspensión indefinida de toda la ayuda bilateral futura, pretextando un supuesto tráfico de armas de Nicaragua hacia El Salvador. Se suspendió así un préstamo de 11.4 millones de dólares para programas de desarrollo rural, educación y salud.

—Durante el primer año de la Revolución se redujeron a 40 mil dólares los 8.9 millones de crédito que el Banco de Exportaciones e Importaciones concedió a Somoza en su último año. Dicho Banco suspendió las garantías para financiar importaciones de Nicaragua, lo que afectó fundamentalmente la obtención de respuestos.

Presiones financieras e intento de boicot:

—En el Banco Interamericano de Desarrollo. En diciembre de 1981 el representante de EE. UU., vetó un proyecto por 500 mil dólares para el desarrollo de cooperativas en el sector agropecuario, presentado al Fondo de Operaciones Especiales.

102

—Presiones norteamericanas ante el BID para impedir la asignación de préstamos para la rehabilitación del sector pesquero y proyectos de agua y alcantarillado. Al respecto el 25 de febrero de 1983 el senador Jack Kemp, propuso al Senado norteamericano que la aportación de fondos de EE. UU. al BID se condicionara a que ese organismo dejara de ayudar a Nicaragua.

—Desde febrero de 1982, las presiones norteamericanas en el Banco Mundial llevan a este organismo a tomar una acción unilateral contra Nicaragua, que suspende el programa de préstamos y la exigencia de un programa de estabilización económica.

—Pese a la solvencia financiera mostrada por Nicaragua, la banca privada internacional presionada por el gobierno norteamericano, ha suspendido virtualmente el otorgamiento de nuevos préstamos, endureciendo las condiciones de pago, o sencillamente negándose a darle curso.

—La exclusión de Nicaragua, junto con Cuba y Grenada, del plan de la Cuenca del Caribe.

Bloqueo o guerra comercial:

—En 1982, amenazas de EE. UU. de no importar carne de Nicaragua, si éste país compra sementales de raza a Cuba.

—Octubre de 1982. Retiro inesperado de la Standard Fruit Company de sus responsabilidades en la comer-

103

cialización del banano de exportación, aunque esta compañía había firmado un acuerdo en 1980, garantizando su participación hasta 1985.

—En 1983. Retención de piezas de repuesto de computadoras compradas en Estados Unidos.

—Mayo de 1983. Reducción en un 90 por ciento de la cuota de azúcar que EE. UU. compraba a Nicaragua, esgrimiendo razones exclusivamente políticas.

"CUANDO TERMINO EL MORTEREO EL ENEMIGO VENIA CON ARMAS DE APOYO"

Teotecacinte. Grandes depósitos de tabaco destruidos. Caminos de tierra y plantíos de arroz. Un valle rodeado de montañas, una meseta que se acerca a la frontera hondureña. Bajas casas campesinas. De colores claros, con pequeños aleros, encaladas. Doscientas o quizá trescientas casas. Calles de barro y animales libres, gallinas, flacos perros, cerdos. Casas desbaratadas, algunas en plena reconstrucción. Hombres y mujeres de rostros curtidos. Uniformes verdes. Camiones militares. Una escuelita ante una pequeña plaza. Y más allá, apenas a setecientos u ochocientos metros está la guardarraya. Están los cerros Guanzapo y Murucuchí.

Hace unas semanas mientras morteros 106, 81 y 60 milímetros y cañones de 105 milímetros eran utilizados por el ejército hondureño unos 600 contrarrevolucionarios buscaban infiltrarse. La batalla fue ardua pero finalmente los incursores fueron rechazados. El pueblo lentamente comenzó a retornar a sus asentamientos originarios.

"TIRARON DOS AGRESIONES"

Francisco Hernández Cruz, de 23 años, nos da su visión del ataque:

—El enemigo entró de una manera muy impresionante. Entró por sorpresa, como había entrado siempre. Con sus escalones se vieron venir de a tres como en formación de guerrilla. Apoyados por morteros. Venían con el objetivo de tomar Teotecacinte pero los soldados sandinistas los rechazaron. Fueron dos ataques. Primero comenzó un mortereo a la población civil. Era a primera hora de la mañana. Nosotros esperamos y ya como a las dos de la tarde, más o menos, un puesto de observación detectó que venía una invasión. El mortereo había durado de seis a doce. Cuando terminó el mortereo el enemigo venía con armas de apoyo. Y lo respaldaban los 60 milímetros de los guardias hondureños.

Ese día el enemigo llegó cerquita de la población, porque era el objetivo para lograr la oportunidad para aniquilarlo. Pero sin embargo se dio respuesta y se le hicieron bajas y se recuperaron armas, AK chinas y FAL. Las encontramos ahí, pegadas a Teotecacinte.

Al día siguiente tiraron otra agresión. Aproximadamente a las seis de la mañana el enemigo apareció por el otro flanco. Venía con el objetivo de tomar el pueblo. Ese era el objetivo principal de esos días. Ahí se les dejó llegar hasta cierto punto y se les hicieron nuevas bajas. Nosotros también perdimos hombres. No se tomaron prisioneros. Sólo muertos, nada más.

Carlos Ayala, de rostro grave, dice:

—Al enemigo se sacó hasta el territorio de ellos, el de Honduras. Para defender la zona el problema era el morteo de ellos con morteros 120 milímetros israelíes. Teotecacinte es muy pequeño. Aquí mataron a una niña de 4 años. En el mismo mortereo. También murieron otros civiles. Hubo civiles heridos. Teníamos los refugios para antiaéreos para cambiar la población y se había dado la alarma a todo el mundo para cubrir posiciones y que todos fueran refugiados.

Yo tengo cuatro años en la frontera. La frontera se divide por frontera natural y por la que hace el hombre. Se divide por ríos y por cerros, por alambrados y postes. Y ellos aquí la violan a toda hora. Nosotros a veces le damos entrada hasta cierto punto. Y nosotros los aguantamos a ellos porque no queremos guerra.

ALCIDES CENTENO, SECRETARIO POLITICO DEL FRENTE SANDINISTA

Lo que hace la administración Reagan nos ha costado desde el asesinato a humildes campesinos, por el hecho de estar produciendo en la frontera, el asesinato a niños, el asesinato de obreros que en brigadas de producción al llamado de nuestra vanguardia, se disponían a la recolección del café. Dentro de otros hay que mencionar alrededor de treinta campesinos asesinados, varias decenas de compañeros campesinos y obreros secuestrados y la vida de los niñitos

109

Pedro Cruz y Guadalupe Ruiz. Toda esa situación ha generado en las poblaciones de la guardarraya un éxodo hacia Jalapa y hacia el valle. La productividad de la zona dentro de la región nos plantea las tareas fundamentales para arrancarle a este pedazo de suelo, que es el más productivo, lo mejor en granos básicos para el autoconsumo y el tabaco como un producto de exportación. Producir tiene que significar además defender lo que se produce. Ha sido entonces la tarea del pueblo y de las organizaciones del pueblo, del Frente, disponer en esta situación de guerra impuesta por nuestros enemigos, diversas modalidades de defensa para poder producir. Desde el compañero tractorista que prepara la tierra que ha tenido que disponerse no sólo del volante y las gradas sino también de un fusil, hasta los compañeros que hacen las labores dentro del proceso del tabaco que han tenido que armarse para poder defenderse de cualquier agresión, que en cualquier momento puede caerles. Las cooperativas, los campesinos, la organización ha tenido que disponerse alrededor de las maquinarias y de las vidas de los campesinos y de sus familias. El aspecto organizativo, el de la disposición, el de la combatividad de nuestro pueblo es el que demuestra que en condiciones de guerra, de anormalidad, nuestro pueblo está dispuesto a salir adelante. La educación en esta zona no se ha detenido y como muestra de esas tareas que enfrentamos y como muestra de la efectividad con que las enfrentamos tenemos que en el último año en la zona se obtuvo la mayor cosecha arrocera. Como evidencia de la disposición y la combatividad tenemos el haber logrado el 80 por ciento de alta calidad en la producción tabacalera, el organizarse centenares de compañeros y compañeras en brigadas de salud, el organizarse en curso a parteras empíricas para dar respuesta a los problemas de salud. En Jalapa tres mil compañeros están recibiendo la educación de adultos y 285 maestros populares están empeñados en las tareas de educación.

Las distintas agresiones que recibimos han permitido a nuestro pueblo levantar las banderas de la victoria y de la dignidad. Creemos que algunos ejemplos de esa disposición de nuestro pueblo, se pueden ver en los milicianos para enfrentar esta escalada, y aquí todos debimos articular efectivamente la doctrina de autodefensa de los poblados, que significa que los obreros, los campesinos, los estudiantes, los comerciantes, las amas de casa, que antes destinaban seis días a la producción y uno al descanso, para salir victoriosos hoy destinan cinco a la producción, uno al descanso y el otro a participar en la autodefensa. Pero, saldremos adelante, estamos convencidos.

SERGIO LOBO, DELEGADO DEL GOBIERNO

Desde el punto de vista de las acciones de nuestro gobierno, que se han dirigido a la resolución del agudo problema que ha significado el desplazamiento de más

111

de setecientas familias que históricamente han vivido dispersas y distantes —porque esa es la característica que la dictadura somocista dejó en nuestro país— mucho es lo que se ha realizado. Toda esta zona es la de más alto potencial productivo agrario del país. Y al mismo tiempo la cercanía con Honduras nos hace vulnerables. Precisamente, la contrarrevolución, conociendo las características de nuestro territorio ha realizado sus últimas acciones teniendo como objetivo la zona de Teotecacinte y Jalapa. Las acciones terroristas han motivado el desplazamiento de gran cantidad de campesinos, buscando lugares de más seguridad en el valle. Esto ha implicado en los últimos seis meses increíbles esfuerzos para resolver el problema de la vivienda, el problema de la tierra de los compañeros desplazados. En esto nos embarcamos en un problema de asentamientos humanos a lo largo y ancho de la región, lo que está íntimamente ligado con el plan de defensa de nuestra soberanía. En la medida que nuestra población se reconcentra, en la medida que se une en lugares definidos, eso nos permite su mayor participación en la defensa por un lado, y una más correcta integración a las labores agrícolas por otro. Los campesinos desplazados de la montaña, que ayer eran pequeños productores de café, hoy a raíz de su desplazamiento por las agresiones, se han convertido en compañeros integrantes de las cooperativas agrícolas sandinistas. Entonces, y en eso es ignorante la contrarrevolución, en la medida que nos agrede nuestro pueblo se une y se organiza, y eso nos permite tener confianza en nuestra futura victoria. En los asentamientos se autoconstruyen las viviendas. En cuatro meses hemos entregado 1.500 manzanas de tierras en el valle de Jalapa, en las que se han integrado más de 300 desplazados. Y este año, pese a las condiciones de guerra, vamos a elevar nuestra producción de maíz y estamos con nuevas tecnologías incrementando la diversificación agrícola. Todo está orientado hacia el plan de autosuficiencia alimentaria. Y sabemos, que con la fe que tenemos todos, habremos de conseguir los resultados que buscamos.

CAPITAN DOMINGO GONZALEZ: EL NUEVO EJERCITO NICARAGUENSE.

La participación de la mujer en la sociedad era mínima, porque la mujer tenía actividades esencialmente domésticas. Actualmente participa dentro de las distintas actividades de la Revolución. Está clara en los problemas que atañen a la sociedad en su conjunto. Es ejemplo de participación para las revoluciones latinoamericanas. En otras palabras, es el primer ejemplo con características nuevas. Y dentro de nuestra Revolución tiene un papel especial a cumplir, como lo es la liberación femenina, desde el punto de vista político, desde el militar o el económico. Está junto al pueblo que defiende sus intereses y en las primeras líneas de defensa, está haciendo verdad la producción, el desarrollo y la independencia.

El ejército nicaragüense, en contraposición al ejército anterior, tiene muchas misiones internas y externas que cumplir. El ejército de Somoza se educó y se educa —está en Honduras ahora— para reprimir al pueblo nicaragüense, para asesinarlo, para abortar los anhelos de libertad y de independencia. Por el contrario el ejército sandinista se educa en el respeto que debe tenerle al pueblo, en la defensa de los intereses del pueblo, se educa en el interés del patriotismo. O sea que su tarea va desde levantar la cosecha, desde hacer la revolución con las armas en la mano, hasta compaginar sus esfuerzos con los del pueblo de Nicaragua.

Y frente a nosotros tenemos a los invasores, que son los ex guardias somocistas que huyeron en el 79, con algunos campesinos allegados y en buena parte con campesinos que ellos han secuestrado y que obligan a combatir contra el pueblo. Es decir, a esos campesinos los llevan a la fuerza, les destruyen las últimas unidades, le aislan sus niños y sus mujeres, y tratan de inculcarles mentiras como que nosotros nos comemos a los curas y a los niños y ellos están defendiendo la democracia. Estos campesinos que son obligados, cuando comprueban la mentira se nos entregan, y a ellos no podemos considerarlos enemigos de guerra, sino enemigos circunstanciales de un momento determinado. Los contra, salvo algunos dirigentes, son hombres sin ideología, sin moral, son hombres que no defienden nada especial. Están arrastrados por diferentes motivos hacia las actividades contrarrevolucionarias, por eso no tienen temple en la lucha.

114

LA REFORMA AGRARIA
EN UN PAIS
EMINENTEMENTE RURAL

En estas páginas se recoge el testimonio de un técnico de la Reforma Agraria, quien nos aporta algunos elementos sobre la problemática global de los campesinos y la forma como se ha venido trabajando. Sus apreciaciones son complementadas en otros capítulos de este libro por testimonios de dirigentes, cuadros intermedios y de los propios campesinos que aportan su vivencia del problema. No es la intención de este trabajo profundizar más y en particular sobre ese aspecto de la transformación revolucionaria nicaragüense.

De todos modos, para ubicar los parámetros en que se mueve el proceso creímos útil incluir algunos párrafos del mensaje a la Nación dado por el Comandante Daniel Ortega Saavedra, Coordinador de la Junta de Gobierno Nacional, en los que se refiere exclusivamente a producción agropecuaria.

OSCAR MIRA: "NO CONTEMPLABAN NINGUNA ESPECIALIZACION PRODUCTIVA"

En Nicaragua la burguesía grande y mediana controlaba el 90 por ciento de la producción algodonera

117

y alrededor del 70 por ciento de la cafetalera, que son los dos productos fundamentales de exportación. Y a su vez también la producción de bovinos estaba controlada por ellos en un 70 por ciento. A los campesinos pobres se les había dejado el cultivo de granos básicos que constituían una mercancía barata, de bajo precio. Y además a ellos no se les otorgaban créditos que estimulasen durante la época de Somoza. También el campesino, para poder vivir, aportaba su fuerza de trabajo en los tiempos pico de demanda de mano de obra, para los cultivos de exportación. Esos, puede decirse, eran los rasgos principales del capitalismo agrario en Nicaragua antes del triunfo. Después la distribución de la tierra ha venido a quebrar también, el esquema de especialización productiva, ya que ahora los campesinos no se dedican sólo a producir granos básicos, y pese a que son la mayoría de la población del país, ahora participan en la producción de los cultivos de exportación. Y lo que contempla la reforma agraria es que participen de un proceso de agroindustria, o sea que para el campesinado en Nicaragua no se prevé ninguna especialización productiva, a fin de que puedan acometerse las distintas labores y cultivos organizados en unidades de producción campesina, fundamentalmente en forma de cooperativas.

Nicaragua es un país eminentemente rural. Incluso contemplándose unos ritmos de socialización fuertes, socialización en el sentido de producción de forma colectiva, para 1985 todavía tendríamos un sector campesino del 40 por ciento en tierras de bajos cultivos. Para poder transformar de la mejor manera el agro se han venido impulsando las cooperativas especialmente, como propietarias de sus tierras y contando además con recursos financieros aportados por el Gobierno, y la asistencia técnica de algunos ministerios. Se asegura también la eficiencia productiva, en las medidas que esas unidades productivas están en condiciones de hacerlo a escala económica.

La tradición en el país en general indicaba que el campesino no pagaba una renta fija por sus tierras ni percibía tampoco un salario concreto. En las grandes haciendas cafetaleras, por ejemplo, —también en las ganaderas— el campesino aportaba trabajo y recibía a cambio pequeñas parcelas que podía cultivar para obtener de allí su manutención.

Esa situación naturalmente cambia con el triunfo revolucionario. Esas grandes unidades, muchas de ellas, se han convertido en empresas estatales. Y los trabajadores se han quedado en esas empresas, se han convertido en asalariados, se han proletarizado. Y los demás, que tenían sus pequeñas tierras, se han constituido en cooperativas en las que ellos trabajan por sí solos. En la actualidad en el país hay distintos tipos de cooperativas. Están las que llamamos de crédito y servicio, que son de menor grado de socialización, que solamente llevan de manera conjunta lo que es el crédito y el servicio; la fumigación la contratan como trabajo colectivo y el crédito se presenta en bloque ante un banco; sin embargo la forma de trabajo de la tierra es individual y los productos que se obtienen y las amortizaciones bancarias, también lo son. Hay otros tipos de cooperativas que nosotros llamamos de trabajo, constituidas con obreros agrícolas; de acuerdo a las zafras cumplen tareas como campesinos o como obreros; cuando es el tiempo del corte son obreros, y si las tareas lo exigen trabajan en lo eminentemente agrícola. Después están las que tienen el más alto nivel de socialización, en la cual los campesinos contratan todos los servicios y los recursos financieros colectivamente, y además producen colectivamente; es decir, no hay ninguna cerca que divida, todo el producto es distribuido igualitariamente entre los trabajadores, y no hay diferencias en cuanto a parcelas, sino que la tierra es trabajada en conjunto.

Estas tres opciones responden al grado de penetración capitalista anterior en cada caso. Por ejemplo, sería imposible proponerles cooperativas de producción a campesinos —sobre todo en la zona norte— que tradicionalmente han trabajado en pequeñas unidades dispersas, con poca densidad. Son minifundistas que por costumbre son reacios a toda acción cooperaria. Por ejemplo, no hay inconveniente en aglutinarlos para créditos y servicios, pero todavía no asimilan bien las cooperativas de producción. En cambio para aquellos que han estado más cerca del proceso de producción capitalista, o procesos de cultivos experimentales, todo resulta mucho más sencillo.

LA TIERRA Y SUS PROPIETARIOS

El número de cooperativas ha pasado desde el triunfo de la Revolución de poco más de cien a tres mil y tantos. Poseen en la actualidad el 4 por ciento de las tierras. El APP, o sea, el sector estatal tiene el 23 por ciento de las tierras laborables, que están fundamentalmente destinadas a productos de exportación. Hay campesinos a los que se han cedido tierras del Estado, aunque jurídicamente pertenezca al Estado, en realidad la posesión efectiva es del campesino. Sucede además, que después del triunfo se dio la política de que las grandes unidades que se habían creado durante el capitalismo, aquí en Nicaragua, no se iban a dividir en pequeños minifundios, pues sería un derroche desde el punto de vista tecnológico. Todo lo que se había avanzado en el capitalismo, no podía destruirse para crear pequeñas unidades de explotación antieconómica.

En el país podemos decir, si hablamos de superficie, que tenemos unos diez millones de manzanas que pueden tomarse como tierras agrícolas. Pero los mejores campos son los del Pacífico, que constituyen una quinta parte de ese total. Debido a esa calidad mayor no es de extrañar que el capitalismo en las tierras se haya desarrollado más en esa zona. Con los terrenos de mejor calidad ha sido mayor la infraestructura, se han desarrollado los mejores centros de acopio y producción, e incluso los elementos para los procesos agroindustriales. En cambio en la costa atlántica, no

121

hay tierras de esa calidad, y por eso no han podido destinarse a producir para la exportación.

Entre los cambios notorios vistos con la aplicación de la transformación del agro, vemos que la oligarquía terrateniente ha pasado de poseer el cincuenta por ciento de la tierra a tener apenas poco más de un diez por ciento. Existen actualmente en el país 680 terratenientes de los más de dos mil que había antes. Esto es un gran logro porque ha permitido a Nicaragua utilizar las buenas tierras para la transformación y el desarrollo de la economía.

Otro impacto que se ha dado a los terratenientes es el reducir la renta agraria. Por ejemplo, antes del triunfo de la Revolución, en el mercado de tierras una manzana para algodón costaba arriba de 7.600 córdobas para alquilarla solamente. Ahora esa manzana cuesta 300 córdobas; por decreto hay una reducción brutal de las rentas, que favorece a los productores, y no solamente en las tierras de algodón sino para cualquier otro tipo de cultivos. Además a los campesinos se les ceden tierras, aunque sean de propiedad privada, si no están siendo cultivadas. Si no se plantan deben ser obligatoriamente arrendadas a los campesinos, a los productores que tengan posibilidad de cultivar. Entonces todo esto ha permitido un gran logro, como ha sido el incrementar las tierras bajo cultivo. Nicaragua era un país, pese a lo que se dice sobre los cultivos de agroexportación, eminentemente controlado por grandes haciendas ociosas y grandes extensiones de tierras también ociosas.

DANIEL ORTEGA:
LA TRANSFORMACION CONTINUA

A la fecha el 23 por ciento de las tierras agropecuarias pertenecen al Area Propiedad del Pueblo y en mano de productores individuales y productores organizados en cooperativas de créditos y servicios se encuentran 5.247.250 manzanas (74 por ciento de la tierra en fincas). Además se han afectado en el último año 320 latifundios con una extensión total de 310.000 manzanas.

El movimiento cooperativo ha seguido desarrollándose vigorosamente y a la fecha existen 3.057 grupos asociativos, que aglutinan a un total de 60.044 campesinos, lo que significa la incorporación de más del 50 por ciento de los pequeños y medianos productores del país al movimiento cooperario.

Apoyándose en la Ley de Reforma Agraria se han emitido títulos para cooperativas y productores individuales en una extensión de 150 mil manzanas, que beneficiaron a más de 8 mil familias.

Las 81 empresas de Reforma Agraria en los 3 primeros años de Revolución habían aumentado su participación en el área cosechada del país del 12 por ciento al 18 durante el último año.

El Area de Propiedad del Pueblo adquiere un peso de consideración en la agricultura del país a través de la producción de algodón (21.2 por ciento), caña de azúcar (29.3), café (20.3), arroz (42.2) y tabaco habano (100 por ciento).

Estos logros en la transformación del sector agropecuario no se registraron en la tasa de crecimiento real registrado durante 1982. En efecto, después de crecer a una tasa del 23.3 por ciento en 1981, la Agricultura no registró un ascenso. Los principales factores que influyeron negativamente sobre esa tasa de crecimiento fueron: las inundaciones y la sequía; descenso de precios en los mercados internacionales de nuestros productos de exportación; limitaciones impuestas por la escasez de divisas para la importación de insumos y respuestos; y las acciones contrarrevolucionarias.

El área cosechada alcanzó 794.800 manzanas, inferior en 11.6 por ciento a la del ciclo anterior, debido a una reducción de 101.100 manzanas dedicadas a la siembra de productos internos de consumo. En granos básicos se observó poco dinamismo en las áreas cosechadas de maíz, frijol y sorgo.

La causa principal de la disminución de áreas cosechadas fue la magnitud y prolongación de las precipitaciones acaecidas en mayo de 1982, que provocaron grandes daños en las superficies sembradas; atraso en la preparación de tierras de determinados cultivos y destrucción de canales y terrazas en otros.

Los rendimientos en cambio fueron afectados por la sequía más aguda de los últimos 40 años, que limitó la germinación de semillas e impidió el normal desarrollo y crecimiento de las plantas.

En la actividad pecuaria la ganadería bovina superó los resultados de 1981, de manera que la matanza nacional en 1982 fue superior en 35.5 por ciento. Esto se debió a que por efectos de la sequía y por efecto de los pastos, se decidió bajar el índice del peso ganadero recibido en los mataderos de 360 a 320 kilogramos. De esta forma la matanza para exportación fue de 107.400 cabezas y para consumo interno fue de 193.700 cabezas, superior al año anterior en 53.4 y 10.2 por ciento respectivamente. La producción de leche también resultó bastante satisfactoria al alcanzar una producción de 83.3 millones de galones contra 81 del año anterior.

La reactivación de que fueron objeto las granjas porcinas permitió que la matanza nacional alcanzara 7.646.981 libras, lo que representó un incremento frente a 1981. La actividad pecuaria observó un mayor dinamismo, logrando alcanzar 22.3 millones de libras de carne, obtenidas del sacrificio de 8 millones de aves; cifras que representan un 38.7 y un 33.7 de aumento en un año.

En medio de las dificultades habidas, la participación organizada de nuestro pueblo en la levantada de las cosechas fue decisiva para obtener resultados que superaron los obstáculos. Como resultado de este esfuerzo fueron superadas las metas de 260 mil pacas de algodón, alcanzándose 353 mil pacas. Asimismo la meta del café era de 1.400.000 quintales y se logró producir 1.430.000 quintales.

TODO UN PUEBLO
QUE SE LEVANTA
PARA CREAR
NUEVAS CONDICIONES

—¿Dónde es la casa de Fernando Cardenal? —preguntamos en una calle modesta y tranquila.

—Ahí viven todos los curas —nos dijo una mujer— señalando la puerta que estaba al frente.

Llegamos a la cita unos minutos antes que él, quién al encontrarnos se disculpó:

—Lo siento. Pero surgió una conversación que no estaba prevista.

Nos pusimos de inmediato a hablar de la Campaña de Alfabetización que había dirigido y que tanto éxito tuviera. El teléfono no dejaba de repicar.

—Mi tiempo es así —aclaró cuando por sexta vez debía atender a un llamado.

Eran días en los que había mucho que trajinar en su cargo de coordinación juvenil del Frente Sandinista. En el teléfono parecía generoso en explicaciones, y cuando regresaba volvía directamente al hilo de la conversación. Era como un mecanismo que se ponía en marcha sin haber perdido la continuidad del discurso.

129

La conversación que sostuvimos con él, sobre los resultados de la alfabetización, la complementamos, con la mantenida con David Flores, quien está al frente de Imelsa, que es la distribuidora de libros de Nicaragua.

FERNANDO CARDENAL: "EMPEZAMOS DE LA FORMA MAS HUMILDE Y MAS POBRE"

CT: ¿Cómo surge, se plantea y puede vertebrarse eficazmente una campaña de alfabetización en la realidad que vivía Nicaragua hace cuatro años?

FC: El problema es clásico de países como Nicaragua, países pequeños, pobres, explotados, donde los analfabetos puros andan al borde del cincuenta por ciento. Muchas veces las estadísticas oficiales ponen el treinta o el cuarenta, pero son falsas.

CT: ¿Este cincuenta se refiere al inicio del proceso alfabetizador?

FC: Al terminar la insurrección en Nicaragua había según censos hechos por nosotros, un 51 por ciento de analfabetos. Había un presidente de un país que presenta un índice mucho menor que el de Nicaragua y que me decía que en el suyo por lo menos el treinta por ciento sabía dibujar la firma. Dibujar la firma no es leer... pero las cifras oficiales así aparecen. Nosotros, como te digo, hicimos un censo en que dio el 51 por ciento. Y el problema fundamental no sólo radicaba en que había tantos analfabetos, sino que ello significaba una pequeña cantidad de personas disponi-

130

bles para alfabetizar a tanta gente. Al mismo tiempo hay que tener en cuenta que la campaña de alfabetización, que aquí se llamó Cruzada Nacional de Alfabetización Héroes y Mártires por la Liberación de Nicaragua, inició su preparación a los quince días del triunfo, cuando todavía había algunos combates en las calles de Managua por las noches, y la destrucción había sido muy grande, miles de millones de dólares en pérdidas, y el país totalmente desarticulado. No había Estado, no había policía, no había ejército, no había gobierno. Todo estaba para hacerse. Entonces, donde no había dinero para impulsar esa campaña de alfabetización, sólo había una cosa y era la decisión de la Dirección Nacional de Cultura y un compromiso moral con el pueblo. Y esa fue la orden que se me transmitió y que se me dio como instrumento. Es una orden que responde a nuestro compromiso, que nuestros dirigentes habían contraído en el pasado con el pueblo. Para mí se comienza una gesta heroica, gigantesca, inmediatamente de terminar otra más grande todavía, más heroica, que costó cincuenta mil muertos, que fue la insurrección. Pero a los quince días ya varias veces los comandantes habían preguntado cuándo comenzaba la campaña de alfabetización. Ya a las dos semanas les parecía que nos estábamos durmiendo.

CT: ¿Y cómo comenzaron concretamente el plan de trabajo?

FC: Yo fui el Coordinador de la Campaña y la Cruzada Nacional dependía directamente del Ministerio de

Educación. Comenzamos de la forma más humilde y más pobre, sin dinero, consiguiendo primero a uno que tuviera bastante experiencia en alfabetización, después a una compañera que había terminado sus estudios en pedagogía. Así después éramos tres, cuatro, cinco. Y se fue haciendo el equipo, muy lentamente al comienzo. Y lo primero que hicimos fue leer algo de la experiencia en otros países. Hicimos un viaje a Cuba una semana para estudiar los antecedentes cubanos, y al volver, eso fue un mes después del triunfo, entonces nos reunimos tres días para hacer un organigrama y un cronograma que nos llevara hasta el día en que nosotros íbamos a comenzar la Cruzada Nacional de Alfabetización. Y fijamos la fecha de comienzo para el 24 de marzo del 80. Y ese día, estábamos saliendo para la montaña para iniciar el trabajo.

CT: ¿Comenzaron en alguna zona en especial?

FC: No, no, en todo el país.

CT: ¿Con cuánta gente contaban?

FC: Con más de cien mil personas. Sesenta mil jóvenes en la montaña y los demás en las ciudades.

CT: ¿Eso no paralizó un poco al país?

FC: No, eran solamente estudiantes. Y tenían el compromiso de hacer la tarea en cinco meses. Eso sí, durante ese lapso la educación formal se paralizó totalmente en Nicaragua para que todos tuvieran la oportunidad de alfabetizar.

CT: ¿Cómo conceptuaron ustedes los resultados del trabajo?

FC: Bueno, los resultados fueron sencillamente fabulosos. En cinco meses logramos bajar del 51 al 12 por ciento el índice de analfabetismo.

CT: ¿Cómo lo midieron, con qué parámetros?

FC: Teníamos un examen que hacían a los que habían llegado a la lección 23 de la cartilla, la última. Y en base a ese examen por escrito, nosotros declarábamos que ese ya estaba alfabetizado.

CT: ¿Y después la gente cómo podía seguir sus estudios?

FC: La campaña de alfabetización terminaba con ese examen. Después, el mismo día que celebramos en Managua el triunfo de la alfabetización se constituyó el Vice Ministerio de Educación de Adultos, a fin de proseguir con todo el proceso de educación del sector que había aprendido a leer con la Campaña.

CT: ¿Qué enseñanzas podríamos sacar de la experiencia nicaragüense que tengan validez para otros países que estén en situación similar?

FC: Para mí la gran enseñanza es que cuando hay una revolución que ha logrado movilizar a toda la población, esa insurrección se cumple verdaderamente. Lo que significa insurrección, es todo un pueblo que se levanta, que pasa a través de un proceso social muy profundo, que crea nuevas condiciones, nuevas disposiciones espirituales en todos, muy especialmente en los

133

jóvenes. En un país que pasa por este proceso es posible hacer una campaña de alfabetización así, de otra forma yo creo que es imposible. Nuestra gran experiencia es que, sin dinero, sin técnicas, sin nada, absolutamente nada de nada, sólo con la decisión política de hacerlo, se hizo. Y con esa decisión se construyeron todas las otras cosas. Hay que agregar que hay países que nos ayudaron económicamente a nosotros.

CT: ¿Para ese plan específico?

FC: Para hacer nuestra Cruzada, pero ellos no han podido hacer la suya. La Cruzada es un proyecto político con implicaciones pedagógicas y no es un proyecto pedagógico con implicaciones políticas. Ni es un problema económico, ni es un problema de la organización, es un problema político. Y donde hay un pueblo que ha pasado por un proceso político como es la Revolución, ahí se puede dar una campaña de alfabetización.

CT: ¿En qué forma se trata de bajar esos índices del 12 por ciento?

FC: Hay campañas permanentes, pero ya no son en las formas en que se siguió al principio, que era como digamos una forma de imitar a los que se hacen en la guerrilla. Hasta los partes que se nos enviaban eran partes de guerra, la mística de una nueva insurrección que abarcó a todo el país.

CT: ¿En qué medida los alfabetizados siguieron estudiando?

134

FC: Hay más de doscientos mil estudiando. Más de la mitad de los que aprendieron a leer continúan hoy superándose. Y esto ha tenido diversas derivaciones. En la historia del país jamás ha habido un millón de personas estudiando, como hay ahora. Esa cifra tiene importancia cuando se piensa que es un millón sobre menos de tres que es la población total. Y estas cifras récord se dan en momentos en que tenemos una guerra que destruyó al país, que tenemos una intervención militar y que tenemos un acoso económico, financiero, diplomático de parte del país más poderoso del mundo. Todas estas metas se logran cuando están acosándonos. ¡Qué sería de este país si estuviéramos en libertad, en paz! Si nos dejaran desarrollar con toda tranquilidad. Si pese que nos quieren destruir estamos creciendo ¿cómo sería si tuviéramos la paz para crecer soberanamente?... Eso es lo que yo te quería decir, porque las cifras no dicen todo. Hay que ubicarse dentro del proceso que estamos viviendo. Hay un gobierno que es el norteamericano que ha decidido destruir esta Revolución y nosotros hemos seguido creciendo.

CT: Ahora, fuera de esto ¿podríamos medir la transformación en cuánto a la prensa, los libros, al proceso editorial? ¿En qué forma se refleja esa mayor preocupación del pueblo por concientizarse, por evolucionar?

FC: Yo no seguí ya el proceso de educación de adultos, entonces no tengo los datos de cómo ha crecido en el país el número de publicaciones. Yo únicamente al

135

estar trabajando con la Juventud Sandinista, veo ciertamente que hay un interés que no había en el pasado, de leer revistas por ejemplo. La revista de la Juventud, se inició el año pasado en junio y se hicieron diez mil ejemplares, cosa nunca vista en el país, y se vendieron en un sólo día. Para el segundo número se hicieron trece mil que también se vendieron en un sólo día. Un tercero, conservadoramente nos fuimos a quince mil y se vendió en un día. En el cuarto nos fuimos a veinte mil, en el quinto a veinticinco y todo se vendía en un sólo día. Así fuimos creciendo, treinta mil, cuarenta mil y este año estamos en 45 mil. Un crecimiento prodigioso en una revista que mes a mes va creciendo de a cinco mil ejemplares y que se agota el día que sale.

CT: La prensa nueva que tiene la Revolución ¿en qué forma es más exigente en la medida que tiene un público más formado y preocupado?

FC: Tanto Barricada como El Nuevo Diario tienen una superación y calidad extraordinarias. Si no, bastaría comparar Barricada del primer año con el periódico de hoy en día.

CT: ¿Cuál es tu trabajo actualmente?

FC: Soy el Vice Coordinador Nacional de la Juventud Sandinista. Dirigimos la organización juvenil del Frente.

CT: ¿Cuál es la capacidad docente que tiene hoy Nicaragua?

136

FC: Cuando se hizo la Revolución había un déficit de cinco mil maestros y se abrieron inmediatamente seis nuevas escuelas para formar más maestros. Tenemos además la ayuda de maestros cubanos que nos permiten compensar parte del déficit.

CT: Me decías que la transformación se ha visto reflejada en el número de estudiantes, en las publicaciones, en una serie de indicadores. ¿Qué podríamos decir de la mayor conciencia política del pueblo?

FC: Es indudable. El país no sólo por la campaña, sino porque parte de una Revolución. La Revolución tenía como una de sus finalidades la democratización del país y esa democratización ha tenido un avance muy rápido. No sé si estuvistes en la celebración del cuarto aniversario en León. Ese pueblo que estuvo ahí es un pueblo sencillo, obreros, campesinos. Ahí no estaban los burgueses, ellos vieron todo por televisión. Ese pueblo contestaba las palabras del comandante, reforzaba las palabras del comandante, ese pueblo al que le dijeron cosas, no fue a escuchar pasivamente sino que estuvo participando. Participó con sus consignas, con los aplausos. Hizo una comunicación constante, una interacción constante. Eso es una demostración, es un pueblo que va en un momento de agresión, en un momento difícil, a escuchar al dirigente que representa la Dirección Nacional, y va a escuchar y a opinar. Para mí éste es un parámetro para medir la democratización nacional, mucho más que si cada cuatro años va la gente a depositar un voto, porque *los hay que no saben por quién votar.* Yo estuve años en América Latina, en diversos países, viví en barrios muy populares y veía cómo iban en buses, arrastrados, engañados no con mecates sino con propaganda, a votar por candidatos que no representaban sus intereses, pero esos países se llamaban democráticos. Yo vivía con esos pobres y conocía quienes eran los candidatos que se presentaban y yo veía que en realidad los buses, aquella gente sin trabajo, en la miseria espantosa iba a votar por quienes sólo representaban los intereses de la oligarquía. ¿Eso es democracia? No hombre, yo creo que aquí hay algo mucho más profundo, más bello, más serio.

CT: Me llama mucho la atención el pueblo nicaragüense, su madurez...

FC: Es que si tú tienes en la familia un hijo que cada cuatro meses lo llamas para conversar, si la cooperación es nada más el que te firme, es un sí o un nó, no puede haber madurez. Pero si en una familia hay una conversación constante con los hijos, y los padres hacen crítica y autocrítica y se conversa con ellos, entonces eso hace madurar. A un pueblo que se lo reúne cada cuatro o cinco años para que diga este sí o este nó, y después se lo deje en el abandono más completo, entonces es bien difícil que pueda madurar. Pero cuando ellos tienen tanta parte en ser sujetos de lo que estamos haciendo y hay tantos programas y estructuras que canalizan esta democracia, como el

138

Consejo de Estado, que puede a primera vista no tener importancia, pero que significa una participación como se da en tantos otros aspectos. Aquí todas las semanas la Junta de Gobierno en directo, recibe todas las preguntas o las críticas al gabinete... y eso es una realidad. El Presidente Carter una vez se puso al teléfono para que cualquiera en EE. UU. pudiera preguntarle... y no volvió a repetir la experiencia...

DAVID FLORES: "PRETENDEMOS SACAR DEL OSCURANTISMO AL PUEBLO"

La dictadura somocista tenía totalmente en la oscuridad a Nicaragua. La Revolución Sandinista recoge ese hecho y lo que pretende es sacarlo del oscurantismo y entonces, entre otras realidades, crea una instancia donde el libro pueda llegar a todos. En ese sentido nos enfrentamos a una gran cantidad de problemas. En primer lugar está el índice de analfabetos que tiene nuestro país, en segundo el cero hábito de lectura de nuestro pueblo, porque la privación de cincuenta años incide en esa disciplina. Un tercer aspecto, también fundamental, es el poder adquisitivo del pueblo, para poder destinar parte del sueldo a comprar libros. Esos tres factores han sido las limitantes a que nos hemos enfrentado para llevar el libro al pueblo. El Estado ha enfrentado estos problemas, primero con la campaña de alfabetización que nos ha dado grandes avances en ese sentido, y también con el factor económico. En este último aspecto hay que decir que ahora se subsidia el libro en Nicaragua. El libro sale al mercado a menos precio del que cuesta. En ese sentido hemos tenido avances porque ya en nuestro pueblo se ha creado un cierto hábito de lectura. No podemos decir que todo se ha logrado sino que se está empezando. Sería entonces importante decir cómo hemos hecho para crear ese hábito. Un elemento fundamental que hemos puesto en práctica y nos ha dado un resultado positivo, es que nosotros tenemos en nuestra empresa un departamento que se llama Ferias y Exposiciones. Lo que nosotros hacemos es que en cada fábrica, en cada institución, en cada barrio, en cada comunidad, nosotros llevemos todos los libros que tiene nuestra empresa y ahí hacemos una exposición y venta. Al pueblo se le hace propaganda y responde, llega a apreciar todos nuestros títulos y entonces dependiendo de la captación que tiene el sector o la unidad, dejamos montado un puesto de venta del libro en cada fábrica, en cada comunidad y en cada barrio. Ese ha sido un elemento fundamental para crear el hábito de la lectura.

Nuestra cobertura es nacional en puestos de venta y en librerías. Pero otro problema que tenemos es la limitación de recursos materiales. Tenemos limitantes en el factor de distribución por falta de vehículos. Entonces tenemos que hacer uso de vehículos privados y se deteriora un poco el libro, y debemos así hacer una campaña para que el libro, aún con algunas fallas, sea aceptado por el pueblo.

Lógicamente debemos decir que si medimos año con año, vemos los grandes avances tenidos. Para 1981, que es cuando comenzó el esfuerzo, nosostros distribuimos en Nicaragua 200 mil ejemplares, entre importados y nacionales. La producción del país es muy limitada. Ya para 1982 la cifra se transforma en aproximadamente 60 mil volúmenes de libros nacionales y 240 mil de importados, lo que da una globalidad de 300 mil. En el primer cuatrimestre de 1983 los libros importados andaban por los 160 mil. En todo el año pensamos llegar a distribuir 500 mil ejemplares. Estamos ampliando rápidamente nuestro mercado. La cifra que di no incluye los libros escolares. Pero estos textos, que también distribuimos como un servicio para el Ministerio de Educación, ya se están produciendo en el país. Y este año se han elaborado más de tres millones de ejemplares para los primeros cuatro grados de primaria y los tres de secundaria.

En Nicaragua en la actualidad, con toda la maduración dada por el proceso revolucionario, y por las definiciones que eso comporta, se está leyendo un 30 por ciento de obras políticas, un 20 por ciento de obras culturales, un 20 por ciento de libros infantiles, y el resto es predominantemente de obras científicas, o de libros que sirven de apoyo a la educación superior y secundaria.

"ESTA ES LA PAZ
QUE NOSOTROS QUEREMOS,
ESTE ES EL PODER POPULAR"

Los nicaragüenses están trabajando ahincadamente para construir sus viviendas, para dar luz eléctrica y dar agua a sus barrios, por eliminar las calles de tierras y adoquinarlas. Se sienten tonificados puesto que en pocos años han desaparecido basurales y terrenos abandonados, se han construido escuelas y puestos de salud, porque pueblo y gobierno planifican juntos, y mientras las autoridades aportan los materiales, el pueblo, que ha discutido sus necesidades trabaja en la construcción.

Y resulta a veces tocante ver la humildad con que se hacen las cosas, el espíritu de sacrificio de las mayorías para cumplir con las pautas de la Revolución. El pueblo se multiplica para llevar adelante sus tareas, para buscar trabajo y desde ese puesto impulsar lo colectivo, para emprender la defensa, y para —si los recursos no han menguado—, seguir con su trabajo fabril habitual y en caso de que su planta cierre por falta de materias primas debido al bloqueo, insertarse en tareas agrícolas, que eso es lo que demanda el momento. Un pueblo que en su gran mayoría está volcado al proceso, que acompaña las medidas que se

145

adoptan y sabe que si el actual camino se trunca, volverán los días en que las acechanzas eran múltiples, en que la violencia era el signo y en que el trabajo era imposible para obreros y campesinos dentro de un marco de dignidad y participación.

Este pueblo, tradicionalmente pobre por la sucesión de explotaciones y contradicciones formuladas desde fuera, se olvida de las dificultades y trabaja por un futuro renovado y posible. Lo hace en medio de las privaciones, en un país sitiado por el más poderoso enemigo, enfrenta los retos cotidianos en todos los campos, y tiene la convicción de que saldrá adelante.

José David Chavarría, con quien conversamos en un barrio de Managua nos cuenta su historia de hombre pobre, su proceso de concientización y la gesta liberadora de los managüenses. Quizá su fe en las cosas, y hasta su propio nombre David, lo determinaron en las horas más difíciles, creyendo en el hecho de que no hay batalla imposible. En eso sabido y recordado de que la fe en las transformaciones puede llevar realmente al cambio. Su peripecia y su historia —común a la de tantos nicaragüenses— está anclada en la lucha contra el somocismo, lo que resulta elemental para comprender por qué batalla hoy ese pueblo; y por qué no cesa ni se dobla ante un enemigo que parece tan superior y tan dueño de los resortes que puedan desestabilizarlo.

"MI BARRIO ERA TIPICO DE POBREZA"

Soy un militante cristiano del Frente y me

146

integré a los 14 años, tengo 30 años ya. Empecé en el Movimiento Juvenil en mi barrio. Posteriormente se despertaron en mí algunas inclinaciones hacia el sacerdocio y comenzamos a trabajar en esa línea. Estaba muy ligado a la parroquia en vistas al noviciado. Desde esa fecha nosotros empezamos a tomar conciencia, por así decirlo, de la problemática del país. Todo esto basado en una experiencia muy práctica que vivíamos por la miseria que había en el barrio Rivero, que ha sido uno de los más marginados de Managua. Mi familia es una familia típica de pobreza, mi papá era un obrero sin recursos, como todos los del barrio en que estábamos. Yo empecé a trabajar también a los 14 años. Se me dieron juntas la experiencia del barrio, la del Movimiento y la del trabajo, ahí tomo una conciencia crítica, que se desarrolla a través del análisis crítico pero no científico, pero real sobre la miseria del barrio, la falta total de servicios, no había agua, ni había luz, basureros por doquier, falta de atención médica. La violencia era característica.

Y nosotros empezamos a destacarnos desde el principio como dirigentes del Movimiento Juvenil y a estrechar lazos con los dirigentes de otros barrios que ya existían en el sector oriental de Managua. Y esos tiempos empezamos en la lucha, teníamos la experiencia de la traición de los partidos políticos, Liberales y Conservadores, en la masacre del 22 de enero de 1967, donde los Conservadores traicionaron una vez más a las masas y pactaron con Somoza y dejaron al pueblo acéfalo, sin perspectivas políticas para resolver sus problemas. En ese mismo año se da también la experiencia sandinista guerrillera que hace que se empiece a hablar y oír del Frente. Eso nos llega como eco aquí a la ciudad desde la montaña, y nosotros empezamos a encauzar nuestra lucha a través de reivindicaciones, organizando el barrio a través de su realidad, exigiendo los servicios de que carecíamos, defendiendo cosas muy prácticas, lo que a la gente le llega porque es lo que está viviendo. También combatimos las alzas de los buses y la leche. Todo eso era una lucha infructuosa, por así decirlo, pues no se obtenía ningún resultado, ninguna respuesta por parte del régimen. Pero nos servía para despertar conciencia en el barrio, sobre todo entre los jóvenes, y por ser un barrio marginado no tenían acceso a nada, víctimas de caer en cualquier vicio. Aglutinamos a los jóvenes en el Movimiento Juvenil y lo llevamos a la huelga y a las manifestaciones, a la lucha reivindicativa en torno a su problemática. Con estas bases llegamos a celebrar lo que llamamos la Semana de la Juventud, que fue una asamblea de todos los movimientos juveniles de Managua en torno a la realidad nacional, con muy buenos resultados. Se logró radiografiar, dentro de los esquemas muy idealistas de los jóvenes, una serie de propuestas sobre lo que era nuestra realidad y lo que podíamos hacer. Después de este análisis nos encontramos que nuestro compromiso como cristianos nos impulsaba a tomar un compromiso mayor en la lucha de nuestro pueblo, pero no sabíamos, no teníamos la

148

receta de qué hacer, qué paso debíamos dar para concretizarlo. Sabíamos la realidad, pero no sabíamos qué paso dar. Oíamos por ahí la lucha armada, veíamos la frustración de los partidos políticos, pero no teníamos nada concreto en qué encauzar nuestra lucha. En los años 68 al 70 se dieron las huelgas y las luchas, y conseguimos una integración más práctica apoyando a los presos políticos que se encontraban en las cárceles somocistas. Eran pasos incipientes, pero podíamos ver nuestro mayor compromiso en la lucha del pueblo, aunque era muy elemental.

"CON EL TERREMOTO SOMOZA CONCENTRA EL PODER ECONOMICO

Antes del terremoto llegó a nuestro barrio un grupo de estudiantes cristianos y revolucionarios, ellos tenían ya otros elementos, su preparación era otra, pertenecían a familias acomodadas y llegaban a hacer una experiencia a este barrio. Pudimos así manejarnos con otras perspectivas. Pero nuestro nivel cultural era en la mayoría de los casos el de estudiantes de primaria y en algunos de secundaria, y no entendíamos mucho la cosa.

Cuando el terremoto del 72 se consolidó más la dictadura a través del poder económico. Somoza a raíz de toda la ayuda internacional que él centraliza, concentra su poder económico, incluso empieza a competir deslealmente con sus aliados de siempre, se mete en todos los negocios. Se mete en la construcción y en la vivienda, monopoliza todo lo que hay que hacer

149

después del terremoto. Y por supuesto la represión ante las huelgas de los compañeros trabajadores de la construcción por mejores salarios. En principio se les había puesto una jornada de 60 horas a la semana, y volver a las 48 horas y mejorar los salarios fue una lucha muy dura. Somoza reprime. Lo mismo pasa con la huelga en la salud y con los maestros. En todas estas huelgas los Movimientos Juveniles jugaron un papel de apoyo y ahí estábamos presentes nosotros.

A partir de 1974 que se da el asalto a la casa de Chema Castillo. El Frente Sandinista es ya toda una figura representativa de la lucha del pueblo. El pueblo se manifiesta públicamente en apoyo a los sandinistas, internacionalmente se da a conocer todo un programa de denuncia hacia la represión y miseria que está sometida Nicaragua, y los cristianos asumimos una actitud más beligerante. Las comunidades de bases cristianas ya tienen cuerpo y cabeza, están fogueadas desde hace siete años. Y los cristianos tomamos las iglesias, y se fusiona la masa combativa del pueblo con obreros, cristianos, estudiantes, campesinos, maestros, trabajadores de la salud; otros sectores políticos no muy claros todavía pero que en definitiva ven en Somoza un competidor desleal, un enemigo de sus intereses, comienzan a hacer pequeños actos de oposición, todos los empresarios enfrentan al Dictador. Tcdos los opositores se van sumando a la lucha del pueblo. Por supuesto nosotros estamos claros que en ningún momento la burguesía iba a defender los derechos del pueblo, eso era lógico. Su denuncia es un síntoma del aislamiento del somocismo. En ese tiempo se había incrementado la guerrilla y contaba con el apoyo de amplias capas populares, de algún sector de la iglesia que ya se manifiesta públicamente en favor de las luchas del pueblo. Por ejemplo los capuchinos de la costa atlántica que denuncian la desaparición de cientos y cientos de campesinos, el asesinato de "delegados de la palabra" igual en la costa atlántica como en la zona norte y en Managua. Se denuncia el acoso a los sacerdotes que defienden la lucha del pueblo. Todo esto va consolidando más nuestro compromiso de fe.

A nosotros se nos plantea ya la posibilidad de integrarnos en el Frente Sandinista, prácticamente ir a la lucha armada, y nosotros objetivamente después de años de estar en esto, ya esperábamos eso. Yo lo esperaba para aceptarlo, porque era la forma que veía de dar respuesta a nuestro compromiso de fe. Uno de los compañeros de la comunidad universitaria que había llegado al barrio cuando el terremoto, me plantea después la necesidad de que me integre al Frente, pero me lo dice sin preámbulo, porque la lucha es así y así. Yo no esperé que me lo dijera dos veces. Le dije, estoy decidido. ¿Sabés los riesgos que esto lleva? Lo sé y los voy a correr. Y sin más ni más los asumí. Y dí ese paso que para mí hacía falta. Y digo esto porque nosotros en las reflexiones que hacíamos a través del estudio bíblico nos inclinábamos en torno al Exodo y la liberación del pueblo judío cuando se libera del Faraón, Nicaragua era el pueblo judío y Somoza

151

representa a otro imperio que está más allá de él. Y
para nosotros el Frente sandinista era el Moisés que
nos iba a liberar y nosotros nos integramos sin ningún
temor.

Managua había quedado parcial o totalmente
destruída, ampliándose hacia las periferias marginales
y la escasez de recursos básicos hizo que todo llegara a
precios prohibitivos. La ayuda internacional no se vio
en los barrios. La carestía y la escasez de medios al
alcance del pueblo dificultó aún más la vida de los
pobres. Por otro lado la represión a que era sometido el
pueblo por sus protestas ponía las cosas más difíciles.
Todo eso coadyuvó a que el casco de Managua, que ya
se había ampliado, permitiera un trabajo más eficiente
en torno a una realidad que el pueblo vivía. Y en cada
barrio marginal había grupos juveniles, comunidades
cristianas, y lo principal es que había sacerdotes
totalmente claros de la situación que se estaba
viviendo. Nosotros entonces, como representantes del
Frente en esas comunidades, tratábamos de darle un
carácter más político, más concreto acerca de lo que
debía hacer nuestro pueblo. Esto lo hacíamos de las
más variadas formas, desde charlas hasta asambleas.

"DESPUES SE NOS ENCOMENDABA LA TAREA DE TRASLADAR ARMAS"

A nosotros se nos encomienda, como éramos dirigentes
de un grupo juvenil, como éramos su carne, que no nos
declarásemos abiertamente sandinistas. La represión

se había vuelto más dura. Y nuestro trabajo, nos llevó a la clandestinidad dentro de lo legal. Y empezamos a apoyar las estructuras del Frente, primero consiguiendo casas que sirvieran para su seguridad, en la que habitasen compañeros que bajaban tres o cuatro días de la montaña, o para guardar o imprimir literatura frentista, propaganda, folletos, y también como buzones de armas. O para que se efectuasen reuniones de compañeros militantes del Frente. Mi casa sirvió como casa de seguridad para compañeros de la Dirección Nacional, allí hubo propaganda, también llegaban otros compañeros.

Después se nos encomendaba la tarea de hacer pintas en las calles, poner carteles del frente en puntos de luz, detectar movimientos del enemigo, guardias donde estábamos trabajando. Después fuimos correo, llevamos materiales de un lado a otro, a algún compañero clandestino de un pueblo a otro. También trasladamos armas. Y paralelamente a esto seguíamos fortaleciendo nuestras estructuras como Frente, dentro del ámbito en que nos desenvolvíamos. El hecho de conseguir una casa de seguridad era un trabajo, el hecho de conseguir un colaborador que nos diera 10 pesos o 20, que nos diera una gasa o una pastilla para trasladar a compañeros que estaban en las montañas, conseguir ropa, todo eso era indispensable, eran tareas de organización.

Y nos llega el año 77 con la toma de San Carlos, el hostigamiento a Masaya, Granada y tantas otras, que prácticamente eso fue el inicio de la ofensiva que ya no

153

se interrumpió hasta llegar el 19 de julio. Para entonces los Movimientos Juveniles ya han adquirido un carácter subversivo en las miras de la dictadura. Sus dirigentes ya son gente quemada. Pero nosotros habíamos desarrollado cuadros emergentes que pudieran hacer el trabajo sin nuestra presencia. Y nosotros asumíamos tareas de mayores compromisos en la lucha política y armada. Gran cantidad de compañeros del Movimiento ingresaron al Frente por la conciencia que había. Fue una gran vertiente de la que se nutrió la lucha insurreccional y también mucho más atrás la lucha clandestina, organizada. También hubo quienes se echaron atrás por posiciones cómodas y porque tambaleaban en su fe. Pero la mayoría apoyó la lucha del Frente.

En 1978 por mi trabajo en el Frente Sandinista me desligo del Movimiento Juvenil, y me desligo de la parroquia que era también la comunidad franciscana, la instrucción bíblica, la catequesis, la salida a celebrar misa a otros barrios siempre con un mensaje concientizador. Había que hacerlo por mi seguridad personal ya que estaba chequeado por el régimen, y por el peligro de quemar a todo el Movimiento Juvenil. En julio de ese año tenemos una participación en un operativo contra un banco. Y a raíz de él me captura la Guardia y me mantienen quince días en las cárceles de seguridad somocista, en la tenebrosa OSM, en el bunker. Ahí fueron quince días bajo toda clase de torturas. Golpes, patadas, choques eléctricos; me metían durante la noche a un cuarto totalmente helado, como si fuese una nevera, eso cuando no me estaban interrogando; durante el día, y mientras no me interrogaban —y cada interrogatorio significaba golpizas— me metían en un cuarto caliente. Yo me imagino que eso era un cuarto pequeño, forrado de zinc; yo estaba encapuchado, vendado todo el tiempo; a mi no me pusieron una capucha, a mí lo que me hicieron fue quitarme la camisa y con ella me vendaron; y aún más, a la camisa le echaron detergente, entonces todo eso me puso en carne viva la cara. Ese contraste de la temperatura y además sin comer, sin tomar agua los quince días... yo pasé días y días que orinaba sangre y defecaba sangre.

Cuando salí de ahí me mandaron a la cárcel de la Central de Policía y todavía no me podía sostener en pie. Cuando a mí me dio el sol, porque me quitaron la venda, yo me caí, no soporté la luz. Entonces yo considero sin embargo que esas torturas son muy pocas para las que sufrieron algunos otros compañeros, y hay quienes en ellas perdieron la vida. En la Central me tuvieron tres meses en lo que ellos llamaban la celda chiquita, que tiene dos metros por dos. Y en ella llegamos a ser en algún momento hasta 22 compañeros, ahí todos de pie, sin agua, sin servicios higiénicos, sin nada, totalmente aislados. Y las paredes por lo general filtrando humedad.

En septiembre llegó Derechos Humanos y Amnistía y la Cruz Roja Internacional y por presiones nosotros logramos que nos pasasen a la Cárcel Modelo. Nosotros no recibíamos sol, no recibíamos nada ahí;

155

nuestras familias incluso tenían que pagar gruesas sumas de dinero para podernos ver dos o tres minutos ahí entre mallas. En la Modelo las condiciones físicas cambiaron un poco pero la represión se mantenía sistemáticamente bajo amenaza de muerte. Nos decían los carceleros que al primer disparo que se oyese cerca, éramos los primeros en morir. Y nos ponían los cañones de los rifles dentro de la celda. Una vez a un guardia que andaba borracho se le fue una ráfaga de un fusil grandote... La guardia se mantenía tomada de licor o endrogada. Llegaban a la cárcel con olor a licor y los ojos vidriosos y nos amenazaban delante de todo el mundo.

"MUCHOS COMPAÑEROS FUERON CAPTURADOS Y NO VOLVIERON A APARECER"

Y era el año 78, donde la lucha fue otra cosa. El Frente a la ofensiva, la Guardia recluída en sus cuarteles, y cada patrulla que salía era atacada y hostigada. En esto dieron mucho resultado las bombas de contacto a las que ellos le tenían pavor. Nosotros logramos salir de la cárcel en diciembre del 78 por una amnistía que se dio. Todo esto recomendado. Ya Somoza estaba tratando de dialogar con la burguesía. Por supuesto que era una amnistía igual a la que se está dando en El Salvador, uno sale hoy y mañana desaparece. Muchos compañeros que se quedaron en Managua cuando salieron, fueron capturados y no volvieron a aparecer. Nosotros tuvimos esa visión y lo que hicimos es subirnos a la montaña, y quedarnos ya en la clandestinidad. A mi se me asignó trabajar en el frente oriental, en la zona de Zelaya y Chontales. En enero empezamos con un trabajo organizativo, reclutando colaboradorees, tratando de darle aseguramiento político a lo que se estaba formando ahí que era la columna del frente oriental. En marzo se da la experiencia que baja una columna y la Guardia lanza tres mil soldados para aniquilarla. El frente oriental trata de quitarle presión. Nosotros estábamos trabajando en las cabeceras departamentales en el sector de Chontales. Hacemos algunos hostigamientos y se retiran unas fuerzas nuestras hacia la zona de la Libertad. En el ataque a la Libertad el 13 de julio cae en combate el responsable nuestro de la región. Y yo tengo que asumir al grupo. El grueso de la columna venía avanzando desde Zelaya y nosotros habíamos perdido contacto con ellos. Y nosotros nos ubicamos en un campamento a kilómetro y medio del pueblo, donde estaba ahí la Guardia. Estábamos casi sin armas y sin municiones. Ante esa situación y con la incomunicación con el grueso de la columna decidimos atacar el comando del pueblo. Pero lo íbamos a hacer de una manera encubierta. Ibamos a llevar a destazar una vaca, para que la Guardia estuviera ahí y repartiera la carne. Y cada quien iba a llevar los pocos armamentos que tenía y cuando estuvieran ocupados íbamos a intentar tomar el comando. La operación sino suicida era difícil. Entonces nos llega una comunicación de la columna que va a entrar al pueblo. Y así nos encargamos de poner las

157

emboscadas para detener a la Guardia que llegara de un pueblo o de otro, reconcentramos a los colaboradores. Se toma el pueblo y se comienza a organizar la milicia con todos los jóvenes que se nos integraban. Y de ahí para acá se fueron dando las sucesivas liberaciones hasta llegar el 17 a la de Juigalpa que era la cabecera donde estaba el grueso de la Guardia. Fue un combate de las cuatro de la mañana hasta las 3 de la tarde en que por fin se rindieron y pudimos entrar. Ese fue el día que se fue Somoza. En la noche Urcuyo dice que él no entrega el poder hasta que haya elecciones en el 84. Y se decide el avance total hacia Managua.

Nosotros esperábamos que el combate en Managua iba a ser cruel, durísimo, prolongado. Y veníamos por supuesto con una disposición después de tanto tiempo de estar en la lucha, de entrar a Managua como fuese y al precio que fuese. Sabíamos que muchos íbamos a caer, iba a ser doloroso y cruel, iba a ser duro. Pero afortunadamente no fue así. Afortunadamente para nuestro pueblo, porque nuestro pueblo de por sí ya estaba sangrado. Entramos al aeropuerto y había unos guardias por ahí que no presentaron combate. Y así fue nuestra entrada el 19 de julio.

Desde el triunfo mi trabajo hasta hace diez meses se concentró en Managua. Después me mandaron a Juigalpa, en Chontales, donde estuve diez meses y regresé a Managua. Y desde que empezó hemos visto caer a muchos cuadros valiosos. Nosotros consideramos que el precio que hemos pagado por nuestra libertad y el que seguimos pagando, es bastante alto y seguirá siendo alto siempre. Pero estamos convencidos que el pueblo está claro que ese es el precio que hay que pagar por la libertad y está dispuesto a pagarla. El precio y el costo que sea con tal de mantener nuestra libertad, nuestra soberanía, con tal de poder decir a los ojos del mundo que somos un pueblo amante de la paz, que necesitamos la paz para poder reconstruir nuestro país, nuestra economía que ha sido saqueada durante cientos de años; pero que esa felicidad de los niños ahora, esos parques que se han construido ahora, esos centros de salud, esa reforma agraria que por fin devuelve la tierra a quienes la hacen producir, esa campaña de alfabetización que emprendimos recién el triunfo, eso, nuestro pueblo lo va a defender al precio que sea. Estamos conscientes de que nos enfrentamos a un enemigo poderoso, pero la verdad es que nuestro pueblo siempre ha vivido enfrentado a un enemigo poderoso, desde que los españoles llegaron con espadas y fusiles a mermar nuestra población indígena, a destruir nuestra cultura, a saquear nuestras riquezas. Siempre fue poderoso. Desde los primeros días.

Después vinieron las invasiones inglesas a través de la costa atlántica y la penetración del imperialismo a través de los consorcios, a través de la agricultura de exportación. A través de las necesidades de materia prima del imperialismo se nos ha impuesto una economía dependiente, y esa economía para poderse sostener necesita de un régimen represivo, como lo fue muy bien el de Somoza con su ejército asesino. Y ahora los ejércitos acechantes, y las maniobras desestabilizadoras y los consorcios, y las campañas de difamación, y la propaganda nefasta en los foros internacionales para tratar de aislarnos y de restarnos solidaridad, y el estarnos vetando los préstamos de fondos internacionales para nuestra economía y nuestra reconstrucción, muestra las armas que maneja el enemigo. Mientras a nosotros se nos niegan préstamos para hacer un camino y sacar la producción de los campesinos, a Honduras se le dan todos los préstamos que quiere para pistas de aterrizajes militares, para bases navales, para una escuela de entrenamiento financiada y dirigida por los gringos. Mientras a nosotros se nos agrede cortándonos el trigo, los repuestos y la materia prima, nuestro gobierno, nuestro pueblo, responde con una sola decisión, la de defender la paz, pero no por ello vamos a dejar de luchar. Por defender la paz vamos a los campos de batalla, por defender esa paz han caído cientos de compañeros y seguirán cayendo. Pero esa paz no es para nosotros una abstracción, sino algo muy concreto que puedes ver por las calles de nuestros barrios donde no sabían lo que era un servicio eléctrico, un centro de salud, una escuela, una calle pavimentada, hoy son barrios modelos que han surgido del esfuerzo de nuestro gobierno y del apoyo decidido de nuestro pueblo que ha levantado sus propias casas. Nuestro gobierno pone los materiales y el pueblo levanta las casas, el gobierno pone los adoquines y nuestro pueblo adoquina las calles, nuestro gobierno da los espacios y nuestro pueblo hace los parques, nuestro pueblo pone mano de obra, levanta las escuelas y los centros de salud. Es el mismo pueblo que ha ido a la alfabetización, a las campañas de vacunación, y ha ido en forma voluntaria, entusiasta, y ha ido a los cortes de algodón y a los de café, a levantar la producción. Esa es la paz que nosotros defendemos, el derecho al trabajo, al desarrollo, al progreso, a la salud, a la educación, a la vivienda. Esa es la paz para nosotros, esa es la democracia, eso es el poder popular.

LOS PELIGROSOS VINOS DE LA CIA

1

Marlene Moncada es carirredonda y de pelo corto. En octubre de 1979 empezó a trabajar en la embajada de Nicaragua en Honduras. Tenía vínculos con sus compatriotas residentes en Tegucigalpa. Y mantenía amistad con Terry Castillo y Samuel Benavides, quienes la involucraron con la CIA. Una tarde Marlene dijo a Benavides que sería trasladada a Managua, y él le insistió que debía conocer a alguien. Se trataba de Luis Rodríguez.

Marlene habló con Rodríguez de Centroamérica, de su país y los Estados Unidos. El le propuso que trabajase para la CIA. Ella al principio se negó y luego decidió aceptar y comunicarlo a su embajada. Desde entonces fue atendida por los agentes Baby Johnson y por Boby y Marita, todos funcionarios norteamericanos en Tegucigalpa. Los primeros intereses de la CIA con Marlene fueron conocer el número de las Fuerzas Armadas nicaragüenses, los cubanos que estaban en el ejército, los aviones soviéticos que llegarían. Ella dijo que no podía saberlo porque estaba en Honduras. También le preguntaron por los funcionarios de la embajada en que ella trabaja, sus inquietudes y procedencia, los cigarrillos que fumaban, el café que bebían. La orientaron para instalar un aparato de grabación en el escritorio del embajador. Después planearon una operación comando contra la sede. Marlene se opuso argumentando que sospecharían si ella resultaba ilesa.

2

Jorge Roustán es Teniente del Ejército Popular Sandinista. Tiene 32 años, usa lentes de aro grueso y el cabello largo. Es subdirector del Instituto Nicaragüense de Estudios Territoriales. Tenía doce años cuando conoció a Carlos Rodolfo Icaza, y mantuvieron amistad, ambos coleccionaban armas y practicaban tiro. El Dr. Icaza se destacó en la lucha contra Somoza. Fue beligerante. Alojó en su casa a hombres de la insurrección. Después del triunfo se hizo un continuo crítico del proceso. Discutía con Roustán sobre la Revolución.

Era el año 81 y Jorge conoce al funcionario norteamericano Richard Smith en el Club de Caza y Tiro de la República. Smith desde el principio lo trató con deferencia. Por esos días Carlos Icaza decía que en Nicaragua existía el poder de los mengalos, el poder de los seres inferiores. También que había servilocracia. Y dijo a Jorge que él era un quijote y que los fuertes enemigos habrían de abatir a la Revolución. Para apoyar su grado de influencia con los adversarios del gobierno mostró una tarjeta con el símbolo del cuerpo de marines de los Estados Unidos. Y dijo que esas eran ahora sus amistades. Con ellos se intercambiaban regalos y atenciones.

Jorge Roustán entonces quiere profundizar hasta dónde llega su amigo. Le menciona incluso algunas críticas suyas al sistema y Carlos se contenta de que por fin abra los ojos. Luego le ofrece hablar con Adolfo Calero Portocarrero para conseguirle trabajo como Jefe de Seguridad de Coca Cola en Costa Rica con un sueldo de dos mil dólares. Jorge lo rechaza porque dice que será más útil dentro de Nicaragua. Y surge un viaje a Costa Rica, ante el cual Icaza propone que vaya a visitar al común amigo Richard Smith, que ha abandonado Nicaragua y que hoy se sabe es agente de la CIA. Smith representa a los derechos humanos internacionales y Roustán solamente irá a informarle sobre violaciones del gobierno revolucionario. En enero del 83 se concreta el viaje y es recibido por Calero Portocarrero en el aeropuerto. Jorge lleva la cobertura del Instituto de Estudios Territoriales.

1

En una de las entrevistas con Baby Johnson a Marlene le presentan a un norteamericano que no se identifica y le aplica, el detector de mentiras. A poco ella recibe la comunicación del Ministerio que debe irse a Managua. Transmite la información a Boby, quien parece nervioso y dice que en esos días llega a Tegucigalpa alguien que la atenderá en Nicaragua. Le presenta también a otras dos personas que le darían el

167

entrenamiento para ejercer sus funciones en la CIA desde Managua. Fue entonces que arribó Linda acompañada de Billy y Jimmy, que fueron quienes la entrenaron en transmisiones por radio, escrituras secretas y revelado. Le entregaron una libreta de apuntes, cuyas hojas al introducirse en la boca se convertían en goma de mascar, y dos ídolos para ser usados en Nicaragua. En el depósito de uno de ellos estaban las claves con que iban a ser traducidos los mensajes por radio. Y le dieron también pastillas reveladoras.

2

Jorge Roustán se reúne en el hotel Play Boy con Richard Smith. En el primer encuentro está presente Carlos, quien los escucha tirado en una cama bebiendo gaseosa. Smith dice que ellos no pueden mirar con buenos ojos que Nicaragua se encamine hacia el marxismo. Pero que ayudarán a todos los que traten de cambiar este proceso. Roustán le dice que colaboraría si no estuvieran los somocistas. El americano garantiza que los están usando pero que nunca los meterían como recambio. Solamente habrán de contar con quienes no se han ensuciado las manos.

En la segunda reunión Smith le dice que su misión nada tendrá que ver con los derechos humanos. El debe ser entrenado para manejar un equipo de comunicaciones ultramoderno y para desarrollar comandos para atentados y sabotajes. Le pide Smith información sobre las Fuerzas Armadas que él no puede brindar. Y el americano dice que trate de recogerla pero sin comprometerse.

El equipo de comunicaciones transmite mensajes a altísimas frecuencias vía satélite directamente a los centros ubicados en Estados Unidos; puede enviar en ocho segundos un mensaje de una hora, sin que haya posibilidad de detectarlo radiogoniométricamente. Roustán debía además preparar un grupo de ex combatientes, guardar armas y embuzonar municiones, hasta que llegase la hora. Smith le preguntó sobre su contacto con la dirigencia sandinista y lo alertó sobre los organismos de seguridad nicaragüense. Le dijo que jamás había que usar el teléfono, que no confiara en Carlos y que ya le llegaría su enlace para las horas de emergencia.

1

Marlene Moncada se reunió con los recién llegados. Ellos le dieron el entrenamiento correspondiente y hablaron de contactos que querían para Managua. También se interesaron por la vida privada del Canciller y preguntaron si se relacionaba con él. Ella dijo que no conocía a D'Escoto. Las pocas veces que había ido a la Cancillería en Managua había ido a la Dirección Consular. No visitaba otras dependencias.

En la primer entrevista con Linda, pasaron a Marlene nuevamente por el detector de mentiras. Le dijeron que cuando llegase a Managua mandara un mensaje exponiendo su situación en el Ministerio del

Exterior. La entrevista con Linda fue el 21 de noviembre del 82 y ella se interesó por los preparativos de la Conferencia del Movimiento de Países No Alineados. Le insistió en que era muy importante todo lo que pudiera hablarle del Canciller. Y le recomendó que mantuviera las mejores relaciones con quienes laboraban junto a D'Escoto. Le solicitó nombres y direcciones de esos funcionarios. Debía además integrarse a todas las tareas político-militares del Ministerio, y cultivar toda relación posible. Debía saber los gustos y costumbres del Canciller, los vinos que tomaba y los cigarrillos que fumaba.

2

Roustán regresó a Nicaragua y volvió a ver a Carlos. Las conversaciones de ambos se hacían en su propia oficina. No había nada sospechoso, se conocían desde hacía veinte años. Icaza le mostró una valija repleta, con 1.741.700 córdobas, que iban a ser entregadas a un alto funcionario de la embajada americana. A David Greig, Primer Secretario y Cónsul y Jefe de la CIA para Nicaragua. Carlos también le dijo que estaba organizando las células binarias del Partido Conservador; compuestas por dos elementos dificultaba la acción de la Seguridad.

En Costa Rica Jorge había recibido la orden de viajar a Estados Unidos para una sesión de entrenamiento. Al regreso entregó a Carlos el pasaporte para que le consiguiera el visado correspondiente. En esos días hay una fiesta en la Cámara Americana de

170

Comercio a la que van David Greig y el embajador norteamericano Quainton. *Allí se iba a definir el viaje de Jorge, los pasos que debía dar, cuál sería la coartada.* Pero Greig dice que no es conveniente el viaje porque despertaría sospechas. *Es preferible que vaya Icaza y luego le transmita los conocimientos en comunicación. Jorge protesta y le dicen que la medida es para protegerlo.* Carlos se casa con la ex secretaria de Calero Portocarrero y a la reunión acuden funcionarios de la embajada americana y Mario Castillo, presidente de la Juventud del Partido Conservador Demócrata. *Carlos le ha dicho a Castillo que Jorge será su instructor.* El joven está entusiasmado por participar en los comandos; *Jorge le dice que las tareas comenzarán con pintas que se harán con unos materiales que llegan de EE. UU. Después vendrán los atentados.*

3

Mario Castillo entró en la Juventud por consejo de Calero. A los 8 meses de estar lo hicieron Presidente. Calero le dio un manojo de banderas blanquiazules, de Nicaragua, para ponerlas en paredes y carros, y así contrarrestar las rojinegras banderas del sandinismo. Luego llegaron otras tres mil pequeñas y grandes. Al poco tiempo le anunciaron la llegada de pinturas norteamericanas para hacer pintas en las paredes; eran sprays especiales que no delataban lo escrito hasta horas después de haberlos aplicado. Calero se va, al irse habló de que formarían células. Pero no regresa porque su conexión con la CIA fue descubierta. Castillo lo había visto con frecuencia en la oficina de Linda Pfeifel y en ocasiones lo escuchó hablar de su amistad con otro funcionario de la embajada. Es la época en que Mario Castillo conoce a Carlos a través de la que se convertirá en su esposa. Y cuando Calero ya no puede estar en Nicaragua, Carlos es el portador de sus instrucciones. Un mensaje decía que se iba a dividir el país en tres regiones, la del Pacífico, la del Atlántico y la Central. Y se harían claves de dígitos para los agentes, siendo el primero el de la sección, luego el del departamento y finalmente el del agente. Se establecieron además recursos para ser usados en caso de emergencias mientras se reclutaban los efectivos.

Es entonces que Mario conoce a Jorge.

1

Con Marlene Moncada se establecen los mecanismos de aviso para provocar contactos. Las transmisiones radiales serían los martes y jueves a las once de la noche en la frecuencia 9074; la dirección para los mensajes estaba ubicada en México. Llegaron cuatro comunicaciones en los primeros meses del año.

Pero el 30 de marzo Marlene viaja a Tegucigalpa. Al llegar llama a Baby Johnson. Se encuentran en una casa de la Colonia El Almendro. Baby le explica que pronto se daría un paso importante para liberar a Nicaragua y que ella jugaría un papel determinante.

172

Pero por lo delicado de la situación ella debía pasar otra vez por la prueba del detector. Allí le presentó a un Dr. Stevenson. Le dijo que la prueba había sido excelente. Y quedan de encontrarse a las cuarenta y ocho horas. Pero antes le lee la lista de funcionarios del Ministerio, para que la caracterizara mejor, puesto que ella solamente había facilitado los nombres.

Se reúnen a la hora señalada. Y Johnson habla del fortalecimiento del comunismo en Nicaragua. Se refiere a la falta de respeto al Papa y a la complicidad del sacerdote D'Escoto, "convertido en figura por su sotana y por la habilidad comunista". Johnson afirma que el Canciller es uno de los problemas, y que hay que eliminarlo.

2

Jorge Roustán dice que vio dos veces a Mario Castillo. Y que en la segunda oportunidad éste le preguntó delante de mucha gente:

—¿Bueno, y cuando empezamos el entrenamiento?

Carlos salió para Estados Unidos. Y se suspendió la reunión mediante la cual se iban a ajustar detalles para la instrucción a la Juventud del Partido Conservador. Todo iba a estar enmascarado dentro del rubro de entrenamiento y competencia deportiva.

Carlos está tres semanas de viaje. Va a Miami, New Orleans y New York. Pero también a Washington donde permanece seis días en uno de los centros de inteligencia norteamericana. Regresa admirado de la

173

capacitación técnica norteamericana y esperanzado por el derrocamiento del gobierno de Nicaragua. Habla de centros de la CIA donde se manejan super computadoras en conexión con todo el mundo para impulsar planes en Angola o Guyana o Etiopía. Trae un moderno receptor para recibir información numérica que le traslada a él la CIA. Le transmiten cifras; él las anota tratando de formar una tabla y utiliza para su descifrado una tarjeta que llama Opac, que tras sortear algunos pasos se convierte en un alfabeto. Pacientemente enseña a Jorge a manejarlos y Roustán asiste a transmisiones de la CIA. Pero el equipo transmisor aún no ha llegado y Carlos cuenta que el que le enviarán estará encubierto, por lo que él podrá llevarlo a todos lados, incluso a sus prácticas de tiro. Y el mensaje estará ahí, como en una congeladora, esperando que él lo pulse para tomar contacto con los satélites.

Carlos también ha obtenido unos papeles en los que la escritura es invisible y una hojita en la que hacen ciertas encomiendas a Roustán. No son misiones fundamentales, están subordinadas a su tarea de entrenamiento que es la primera prioridad. Le piden informes sobre soviéticos en relación con las Fuerzas Armadas y con Estudios Territoriales.

Carlos Rodolfo Icaza dice que pasó el detector de mentiras. Y que le ofrecieron dos mil y tantos dólares para que se entretuviera, porque lo vinculan a otras organizaciones que dirige Adolfo Calero, del Partido Conservador. Dice también que está impresionado por la cantidad de armas que le mostraron, y que se las enviarían para mejorarles las condiciones; Richard Smith, está a cargo de ese operativo.

3

Cuando vuelve Carlos Rodolfo le entrega 5.200 córdobas a Mario Castillo. Era la partida que habitualmente le daba Calero. Mario conoce a Linda Pfeifel, platican y ella muestra interés por los planes de los partidos y de la juventud. Ofrece su ayuda. Y juntos se van ambos en un jeep a la sede del Partido Conservador. Ella promete regresar y lo hace para una reunión con el grueso de la directiva de la Juventud. La señora Pfeifel les dijo que confiaran en ella, que se dejaran dirigir. Se ofrece, en la embajada o adonde sea, para atender cualquier necesidad que ellos tengan. Mario fue un asiduo visitante de Linda. Un día le llevó una falsa noticia sobre unos comandos libios que estaban conversando con la Dirección Nacional. Ella mostró interés y agradecimiento.

Un dirigente del Partido Conservador dijo a Mario que en la embajada americana le habían comunicado que todos los dirigentes de los partidos de oposición podían irse o asilarse, para así crear un problema al gobierno. Ya eso estaba orquestándose.

Esta fue su última actividad antes de que fuera capturado por las fuerzas de Seguridad del Estado.

1

Marlene dijo que ella no podía eliminar a un sacerdote. Eso nunca. No podía hacerlo. Pero Johnson

175

aclaró que no se trataba de asesinarlo sino de darle una bebida para imposibilitarlo física y mentalmente, así no podía seguir actuando.

—Además debes comprender, como buena católica, que D'Escoto utiliza el sacerdocio para introducir el comunismo en Nicaragua. Recuerda que una vez ofendió a Monseñor, y quien se expresa así ante la máxima autoridad de su pueblo debemos eliminarlo. Es un sandinista más.

Después de esas orientaciones le preguntó qué posibilidades tenía de entregarle al Padre una botella de vino. Marlene le dijo que ninguna; agregó que si le daba una botella y después a él le pasaba algo la iban a capturar y ponerle 30 años. Johnson insistió en que eran expertos y seguros en sus trabajos. Las cosas que hacían no les salían nada mal. Le dio la seguridad de que todo terminaría a pedir de boca. La botella escogida estaría sellada y la sustancia no dejaría rastros. Ni en una autopsia podrían encontrar índices.

Baby le aseguró que por ese trabajo le darían 5 mil dólares. En mayo le mandarían el mensaje y había que escoger una buena oportunidad.

2

Carlos dice a Jorge Roustán:

—Tenés asegurado tu futuro y el de tus hijos, seguros para vos y para todos ellos en caso de accidente, atención médica en los Estados Unidos en los mejores

176

hospitales, cartas de crédito para manejarte fuera, hoteles y viajes y muchas cosas que pintan muy bien.

Continúan juntos el entrenamiento. Icaza le enseña fotografías de documentos, cómo quemar papeles para que no dejen humo ni señas. Pero no hay que descuidar la práctica subversiva.

La CIA investigó que Jorge, 15 años atrás, se fracturó una vértebra y fue atendido en New Orleans. Entonces no sería extraño que sufriese dolores, sólo debía fingir, y por esa razón podía viajar a Estados Unidos. Cualquier clínica le certificaría que había estado internado mientras él se entrenaba en tareas para la CIA. Además se conseguiría una constancia de un médico nicaragüense de que debía viajar gravemente enfermo. El viaje según Carlos estaba listo, pero un día Carlos desapareció y se refugió en la embajada americana. De allí fue pasado a la de Venezuela. Pero su carro quedó algunos días en la embajada norteamericana. Carlos Rodolfo Icaza fue alertado de que estaba siendo seguido por la inteligencia nicaragüense.

1

El martes 31 de mayo de 1983 Marlene recibió un mensaje. Le ordenaban recoger un paquete. Le decían que el 4 de junio a las 7 de la mañana debía dirigirse al Restaurante Aragón; dos cuadras abajo hay un poste amarillo de madera, y al lado, en un cubo viejo, la botella de vino de que le habló Boby. En el palo, a la altura de la cintura debía poner una raya de tiza. Le decían que guardara la botella y no se desesperase. Firmaba Linda.

4

El lunes 6 de junio el Jefe de la Dirección General de Seguridad del Estado, Lenin Cerna, anunció que uno de los principales objetivos de las "operaciones encubiertas" finaciadas por la administración Reagan, era el asesinado del Ministro del Exterior, Miguel D'Escoto. En esa oportunidad se hicieron conocer conjuntamente los testimonios de Marlene Moncada y de Jorge Roustán. Se dio cuenta también de que Carlos Icaza, vinculado a transnacionales, se había asilado. Y se declararon como personas no gratas a los funcionarios de la embajada norteamericana Emilia Rodríguez Rodríguez, David Greig y Linda Pfeifel. La primera era segunda secretaria de la embajada y fue acusada de ser la responsable directa del plan contra el Canciller; Greig, de ser el responsable de la CIA en Nicaragua y responsable de los programas subversivos y desestabilizadores; la Pfeifel, fue acusada de ser oficial de la CIA y de incitar a los partidos políticos y sindicatos de derecha a la realización de actos contrarrevolucionarios.

1

El Laboratorio Central de Criminalística de Nicaragua analizó el vino destinado al padre D'Escoto:

"Al abrir la botella encontramos en su interior un líquido aromático color ámbar y aspecto homogéneo. Sometido a un exámen físico del líquido no se

178

apreciaron sedimentos y su color, olor y viscosidad correspondía a los que generalmente hay en una botella alcoholica.

Continuadas las investigaciones se procedió al análisis químico del licor con objeto de detectar alteraciones tóxicas, para lo cual se trató con reactivos químicos que indicaran la presencia de tóxicos, alcaloides, sustancias orgánicas y minerales, obteniéndose resultados negativos para los dos primeros.

Siendo positiva la presencia de un mineral metal en el líquido, lo que nos indica una alteración en el mismo. Que posteriormente se procedió al análisis de la separación e identificación de metales tóxicos. Conforme a la marcha analítica, utilizándose los reactivos generales de separación, ácido clorhídrico, tioacetamida en medio ácido, sulfuros y carbonatos de amonio, obteniéndose como resultado la presencia de un metal pesado en forma de sulfuro.

Posteriormente se realizaron pruebas químicas específicas, que confirmaron cualitativamente la presencia de un. metal que correspondieron a las reacciones siguientes:
Con yoduro de potasio se formó un precipitado amarillo canario; con dicromato de potasio se formó abundante precipitado de color rojo naranja que preparada una disolución apropiada se llevó al espectrofotómetro apreciándose una línea verde brillante a las 5.300 unidades angstrom de longitud, característica ésta del metal conocido como Talio.

Que por todo lo antes expuesto, el perito que suscribe, arriba a las siguientes conclusiones:
1)Efectivamente la muestra investigada se encuentra adulterada con alguna sustancia tóxica.
2) Que esa adulteración se debe a la presencia del elemento Talio. Es todo cuanto podemos informarle.

Perito del Laboratorio de Criminalística
del Ministerio del Interior

Y en las conclusiones del informe del Departamento de Servicios Médicos del Ministerio del Interior se dice:
1) Las consecuencias de estas intoxicaciones tienen un carácter regularmente irreversible.

2) La determinación de este tipo de intoxicaciones es particularmente difícil dado que sus símtomas se corresponden a diversos tipos de enfermedades.

3) Determinar que se trata de una intoxicación por Talio, conllevaría a análisis que no se corresponden con la sintomatología del paciente.

4) Tal intoxicación tiene grandes posibilidades de no ser detectada por los procedimientos de rutina.

Responsable del Departamento Médico
del Ministerio del Interior

4

La mañana que los tres funcionarios de la CIA debían abandonar el país, el embajador Quantion solicitó a la Cancillería que se les permitiera abandonarlo por la vía diplomática. La petición fue denegada.

En las últimas horas de esa tarde cuatro automóviles y cuatro camionetas Suburban, idénticas, del mismo color, llegaron al aeropuerto Augusto César Sandino. Emilia Loreta Rodríguez Rodríguez, David Greig y Linda Pfeifel acompañadas de funcionarios de la embajada americana se dirigieron a las instalaciones del terminal. Ocho hombres, idénticamente vestidos, en blanco y negro, con fisonomías similares, quedaron aguardando en el estacionamiento.

Ninguno de los tres funcionarios de la CIA respondió a las preguntas de los periodistas. Miraban los micrófonos y guardaban silencio. Solamente el embajador Quantion dijo:

—Estos tres funcionarios representaron diganamente al gobierno de mi país.

Y se acercaron al bar del aeropuerto donde brindaron con whisky. Estuvieron muy expansivos y rieron a mandíbula batiente. Incluso un funcionario de la embajada grabó la risa de Emilia Rodríguez. Pero cuando regresaron los periodistas con sus micrófonos volvió el silencio. La Pfeifel dijo a sus colegas:

—¿No nos dispararán cuando nos vayamos?

181

"LOS POETAS
DE LOS TALLERES
RESULTAN LA VANGUARDIA"

Ernesto Cardenal dice que Nicaragua tiene la mejor poesía de América Latina. Es muy posible que así sea, más lo que sin duda es innegable, es que en el país hay una tradición de poesía. Pero hasta hace un tiempo era un género cultivado por las minorías, y después del triunfo de la Revolución, se ha convertido rápidamente en un quehacer popular, del que participan los obreros y los policías, los artesanos y los campesinos. Y esta experiencia, construída sobre un terreno fértil, maduró vertiginosamente a partir de un experimento: hacer Talleres de Poesía en toda Nicaragua.

Ya había un antecedente en la zona de Solentiname en el que había participado Cardenal y la poeta costarricense Mayra Jiménez. Cuando triunfa la Revolución, Cardenal ya Ministro, manda de inmediato a buscar a Mayra, y así se impulsan los primeros Talleres.

Hacía quince años que no veíamos a Mayra, desde los lejanos días en que cultivamos nuestra amistad en Caracas. Cuando la reencontramos y nos pusimos a conversar nos sentimos sorprendidos. Había transi-

185

tado un largo trayecto, y esas pocas horas de charla nos mostraron a un ser con otra visión de las cosas, que se había transformado, como así también cambió su poesía. La vida en los Talleres la ha robustecido, la ha precipitado a muchas vivencias que han terminado de enriquecerla.

MAYRA JIMENEZ: "LA POESIA DESPUES DE LA MISA"

Solentiname es una comunidad que está en la isla Mancarrón, pero que Ernesto y los campesinos que vivían allí la llamaron Solentiname. A esa isla llegó Ernesto con la idea de crear un monasterio y que surgieran sacerdotes. Con el tiempo empezaron a formarse, pero lo que salieron fueron guerrilleros... Los campesinos de Solentiname empezaron a despertar, a tener una formación política muy importante, simultáneamente con su trabajo de campesinos, se dedicaron siempre a la pesca y a la agricultura y también a la artesanía y la pintura.

La comunidad que estaba con Ernesto hacía pintura primitiva y eso como arte empezaba a tener una importancia muy seria y muy grande. Lo mismo la artesanía. Pero nunca habían trabajado la poesía y Ernesto me dijo que él nunca lo había intentado, no se le había ocurrido pensar que había posibilidades de que ahí hubiese poetas entre esos pintores primitivos. Y entonces me dijo que por qué, ya que yo tenía la idea de que hubiese poetas entre los campesinos, no me iba a Solentiname a descubrirlos. Y así se hizo. Dejé Caracas donde había vivido más de quince años y me vine directamente a Solentiname a convivir con la comunidad. Y en una misa, el domingo que llegué, Ernesto invitó a los campesinos para que se quedaran después del oficio, porque yo estaba de visita y quería hablar de poesía con ellos. Bueno, sorpresivamente se quedó un número altísimo de campesinos en la iglesia y muy entusiasmados me dijeron que ellos ni siquiera conocían a Ernesto como poeta. Que siempre lo habían visto como el Padre Cardenal que estaba allí con ellos. Y que por allí era cierto que pasaban muchos señores importantes, muchos intelectuales, pero que no habían entrado en contacto con ellos y que no conocían a Ernesto como poeta ni sabían lo que era la poesía. Entonces yo empecé a leerles poesía de Cardenal, empezaron a quedarse asombrados, pensar que ese señor que estaba allí era un excelente poeta, y a partir de ese momento empezaron estos campesinos a conocer la poesía más importante de Nicaragua. Y sin que yo les pidiera que escribieran poesía, empezaron a escribir. Y empezaron con una temática lógicamente muy próxima de su mundo, el mundo campesino. Entonces hablaban del lago, las mojarras, los zanates, empezaron a rescatar todos los pájaros, sus lagos sus ríos, sus archipiélagos, su cielo, todo ese mundo que era su realidad. Y así transcurrimos ese tiempo, que era por cierto durante el somocismo. Trabajamos preocupados por la situación política nacional, y desde luego ellos simultáneamente estaban recibiendo una preparación ya como combatientes, como guerrilleros. Pero por supuesto yo ignoraba hasta donde llegaban esas dimensiones. Trabajábamos estrictamente en el campo de la poesía. Digo esto porque cuando viene la insurrección, y cuando Ernesto me pide que salga de Solentiname porque se avecinan tiempos difíciles, yo me voy para Costa Rica. Sorpresivamente todos estos poetas, campesinos que estaban trabajando con nosotros la poesía y que tenían una gran producción, resultaron ser guerrilleros. Y entonces el taller, como ahora lo llamamos, se continúa en Costa Rica, cuando ellos llegaban por razones de agotamiento, a veces enfermos. En esos días ya estaba la insurrección en su apogeo, y a veces llegaban al país por unas horas, por unos días, y continuábamos el trabajo poético en Costa Rica.

Y entonces la temática varió. Ya en sus poemas aparece la libertad, el país, la lucha, el amor, la guerra, pero siempre con su forma directa y sencilla. Sin retórica ni regodeos literarios. Una relación directa del hombre y el mundo. Una técnica para abocarse a la poesía que nosotros conocimos como exteriorismo, pero que para ellos era una palabra absolutamente desconocida; la técnica venía de ellos mismos. ¿Por qué nosotros decimos que es exteriorismo? Porque el modo de abocarse directamente a su producción era a través de imágenes concretas, sacadas del mundo exterior, aunque tuvieran una relación íntima con su mundo interno.

188

"DESPUES DEL TRIUNFO ERNESTO
ME MANDA LLAMAR"

Ernesto cuando ya veía el triunfo como algo inminente se propuso que se harían talleres de poesía en todo el territorio. Y es así que a la semana siguiente de la victoria me manda llamar y me dice que vamos a crear grupos de poetas por todo el país. Por eso digo yo que el origen de los talleres de poesía fue la experiencia de Solentiname. Porque nos dimos cuenta de una cosa. Que es cierto, que estaba demostrado, que el pueblo — sea un sector campesino u obrero— tiene sus propios y grandes poetas. Y que ya no es cuestión de escribir para el pueblo sino que el pueblo produce su propio arte. Y que los poetas están allí y hay que descubrirlos. Entonces la creación de los talleres fue la vía para que descubriésemos los poetas que estaban en las comarcas, en los barrios, en las aldeas, es decir en el pueblo.

Quiero hacerte una aclaración. Los talleres de poesía existieron inmediatamente de fundado el Ministerio y antes de que verdaderamente se organizara. Yo creo que fue lo primero que existió. Después se organizaron los departamentos, los diferentes campos de trabajo en el teatro y en otras cosas. Pero los talleres fueron el nacimiento del Ministerio de Cultura. Es enseguida del triunfo que vengo decidida a trabajar con la Revolución, fundamos el primer taller en Monimbó. Y se convocó a la comunidad directamente. Se dijo: "el domingo en el patio de la señora Ortiz". Y allí asistieron 32 personas a quienes le gustaba la poesía, porque ellos querían ser poetas. De ese grupo había doce que no sabían leer ni escribir. Pero eran poetas. ¿Interesante, no? Querían ser poetas aunque no sabían leer ni escribir. Un grupo muy proletario, totalmente de gente marginada. Y después nos trasladamos a un barrio indígena de León. Y enseguida elegimos barrios de Managua donde todos los sectores más proletarios eran llamados. Se hacía la convocatoria —y esto es importante— no a los poetas de tal o cual comunidad, sino a la gente que le atrae la poesía. Y allí llegaban desde recitadores —que creían que la poesía era asunto de recitar—, declamadores, hasta gente que nunca había visto un verso, pero que quería escribir.

Con ese procedimiento de convocar a la comunidad abiertamente, fuimos descubriendo excelentes poetas en los sectores más pobres de Nicaragua. Por eso los talleres significan en realidad una generación grandísima, por los talleres han pasado alrededor de 645 jóvenes poetas, entre los 17 y los 24 años, algunos de 14 y 15, algunos niños de 11 y 12 años, y muy pocos adultos que se asimilaron con un excelente espíritu crítico, y hay quienes desecharon toda su obra anterior de 30 años para empezar a escribir una nueva poesía en los talleres. Es el caso del poeta Guillermo Ramos Salinas, de 60 años, que confesó que por primera vez con la Revolución entendía lo que era abocarse revolucionariamente a la poesía. Porque su trabajo anterior era retórico, una poesía cargada de vicios, de formas muy gastadas, y que ahora empezaba a ver con ojos totalmente nuevos. La poesía como un fenómeno social, como un fenómeno político, en el que el lenguaje había que renovarlo, independientemente de que escribiera un poema de amor como los que tiene escritos, poemas estrictamente de amor, pero que tienen una calidad literaria que es lo que le da una visión revolucionaria, siendo a la vez revolucionario su lenguaje y el modo de enfrentarse al mundo. Eso que los poetas de Solentiname tenían, muy nuevo, muy revolucionario y muy fresco.

El trabajo de los talleres es un trabajo colectivo. El procedimiento que se ha seguido en las sesiones cubre dos etapas. La primera es de formación literaria. Entonces quienes nunca habían tenido acceso a una buena poesía, a una buena literatura, empiezan a conocer la mejor poesía del mundo. Lecturas colectivas. Se lee y se discute a Catulo, a Marcial, la poesía japonesa, la norteamericana, la mejor de Nicaragua y de América Latina en general. El poeta empieza entonces a tener una formación literaria. Nuestra participación ha sido muy escrupulosa para ofrecer una poesía excelente. Entonces el poeta, proletario, campesino, obrero, ya zapatero, sastre o panadero, empieza de pronto a descubrir la mejor poesía del mundo. Eso indiscutiblemente va a ser un aporte a su formación y creación.

La segunda etapa consiste en que el poeta ya presenta sus propios poemas, traídos de su casa, escritos a la hora que le vino bien y con la temática que le provocó. Y el texto se somete entonces a una lectura,

191

análisis y discusión de todo lo que significa el poema, desde su contenido, sus formas expresivas, para elevarle la calidad. Porque a veces el poeta puede caer en la frase gastada, o en formas cursis de expresión, o bien en contradicciones políticas. Porque en los talleres se ha dado el caso de un poeta, miembro del Ejército Popular, que de repente escribe un poema contra los cascos. Dice que son feos, que no le gusta usar cascos porque le recuerdan a la Guardia Nacional. Y sin que yo lo proponga como coordinadora o compañera responsable del taller, sino que ellos mismos han pedido la palabra para decir, yo no estoy de acuerdo. Porque el casco en la Revolución tiene otro sentido y nosotros tenemos que ver el nuevo uso del casco. El nos protege del enemigo. Y se han armado increíbles discusiones de carácter político, de una profundidad y de un alcance. Hay que decir que muchos de los que están en los talleres pertenecen a las Fuerzas Armadas, o son de la policía o son milicianos, o si no de los CDS de sus barrios. De modo que la práctica política revierte permanentemente en su trabajo literario. Por eso decimos que esta generación grandísima de poetas de Nicaragua se caracteriza porque no hay una dimensión entre lo ético y lo estético. Para ellos, su trabajo como producto literario, está íntimamente vinculado a su propio quehacer en la vida diaria del proceso revolucionario.

La Revolución ha ido imponiendo, independientemente de los talleres, la formación política de todos los jóvenes. E indudablemente que los poetas, gracias al

192

desarrollo de la crítica y la autocrítica —que es fundamental para soportar que te digan, ese poema es una mierda— están en condiciones de avanzar en el trabajo político. Hay que decir que los poetas de los talleres, hasta donde llega mi conocimiento, se empiezan a destacar en los diferentes campos de trabajo, resultan la vanguardia. Y eso en el fondo nos ha dañado un poco, porque han empezado a salir con becas, destacados, para que estudien, y muchos buenos poetas se nos han ido de los talleres, porque resultan la vanguardia en sus campos de acción.

"EN NOSOTROS TAMBIEN INCIDE EL TRABAJO"

Yo creo que a mí me ha hecho mucho bien la tarea con estos poetas, sobre todo por su procedencia, porque me ha desarrollado lo que tanto cuesta entre los intelectuales y los escritores, que es la humildad. He empezado a tener cierta humildad con mi propia obra, y eso es fundamental para un escritor. Porque la autosuficiencia, la soberbia, lo puede estrellar a uno, no trabajando, dejando siempre las primeras versiones. Tal es así que los últimos poemas yo los he sometido a la opinión de los poetas de los talleres, para que opinen y me critiquen, me analicen. Y me han hecho observaciones fundamentales. Estos poetas, que sólo tienen tres años de trabajo, mientras yo tengo tú sabes cuántos, veinte o veintipico de estar escribiendo poesía. Y de pronto descubro que la observación de un joven es fundamental. Y eso le ha pasado también a Ernesto. Como al año de estar trabajando en los

193

talleres, Cardenal escribió un poema nuevo y lo llevé a un taller para que lo conocieran porque estaba inédito, y allí los poetas dijeron: Sí, está muy bueno el poema de Ernesto, pero yo le haría una observación, el último verso falla. Y entonces hicieron una observación de fondo, que afectaba indudablemente la forma, ambas cosas no se separan, y yo claro, me sonreí, porque en definitiva era algo así como corregir al papá. Y cuando conversé con Ernesto le dije: Mira, en el taller de la Tenderí te criticaron e hicieron observaciones concretas sobre este verso final. Y Ernesto me dijo, tienen razón, deciles que lo voy a cambiar. Y allí mismo sacó el bolígrafo y corrigió el verso final. De modo que es muy importante la influencia de los jóvenes.

Hay algo importante que pasa con el trabajo de la poesía en los talleres. Porque cuando un autor lleva un texto y los compañeros empiezan a decir no, en este verso hay una falla, de contenido o de forma, se inicia toda esa polémica política de contenido para ir dándole forma al poema. Eso indudablemente revierte en la poesía de todos, porque empiezan a formar una generación que se identifica entre sí por su forma de poetizar. Tienen de hecho las mismas características. No se abocan a la misma problemática, porque sería imposible decir que un poeta que está trabajando en la Policía Sandinista y que dice en su poema que él es policía y que su amor, la mujer a quien ama también es policía y que van a tener un policía chiquito, un policía nuevo, esa es su problemática. Diferente a la de una muchacha que está en Ocotal y le escribe a su compañero que se ha ido a estudiar fuera del país. Son experiencias distintas que afectan la forma entre un lenguaje tierno, amoroso, y otro más político, más técnico, más directo. Pero indudablemente que tienen las mismas características. Son técnicas similares para abocarse al lenguaje poético. Y eso ha traído grandes polémicas a nivel nacional, porque se ha dicho que la poesía de los talleres se parece toda entre sí; como una crítica. Bueno, nosotros hemos analizado mucho el fenómeno en sí, porque indudablemente son una generación con las mismas características. Pero con las mismas características o problemática, o como se quiera llamar, que presenta la poesía norteamericana. Si nosotros tomamos los autores de la lucha de los poetas norteamericanos, nos damos cuenta que tienen características comunes entre sí. Y si no, no existiría la poesía de aquella generación perdida. Tienen elementos comunes, elementos parecidos entre sí. Como los tienen Catulo y Marcial.

"POR REGLA GENERAL LOS QUE ESTAN EN LOS TALLERES SE MANTIENEN"

Prever el futuro es algo difícil. Pero nosotros pensamos que los talleres son nada más que una etapa de los poetas. Muchos tras pasar, se han ido a estudiar a otros lugares; otros tienen que dejar de asistir por ocupación. Pero se van con esa experiencia de que la poesía es un fenómeno social, un fenómeno colectivo, que no es algo individualista, mi obra y mi hijo y nada más. Se quedan con la experiencia de lo que es la crítica y la

195

autocrítica. Indudablemente que irán cogiendo vertientes distintas. Algunos conservarán formas de esta poesía directa, concreta, con imágenes del mundo exterior. Otros emigrarán hacia mayores intimismos, mayores sutilezas de lenguaje. Pero creemos que los talleres hacen que los poetas adquieran un conocimiento de la técnica literaria que favorece su obra. Por regla general los poetas que están en los talleres se mantienen, se han venido manteniendo en estos cuatro años en ese estilo literario. Tendríamos que ver qué pasa de aquí a cuatro años o seis años. Ahora, en cuanto a la relación con otros sectores de la cultura, es muy estrecha, muy ligada. Pero más bien con otros poetas viejos, que aprecian mucho el trabajo de los talleres.

Otro hecho singular de Nicaragua es que desde el triunfo de la Revolución puede decirse que la prosa no se ha cultivado. Aquí el género es la poesía. Y ni siquiera entre los viejos la prosa se ha desarrollado con la fuerza de la poesía. Y con los jóvenes pasa lo mismo. Lo que aquí aparece en todos los barrios, en las aldeas, en las comarcas, son poetas y no cuentistas.

Tengo que decirte que la publicación de la poesía de los talleres ha tenido límites. La vía nuestra de publicación ha sido nuestra revista "Poesía Libre", que fue una idea que partió de los talleres y la impulsó el poeta Coronel Urtecho, quien nos dijo un día, "ustedes tienen que crear su propia revista para comunicarse". De todos modos la experiencia nuestra ha tenido resonancia fuera. En Casa de las Américas se ha publicado, lo mismo que en otros países; en Venezuela; antologías en España y México. Y por supuesto traducidas, en Estados Unidos, Alemania, Italia y Francia. En Inglaterra se ha estudiado en una universidad poesía de los talleres. De modo que ha tenido gran trascendencia. En Holanda también se ha hecho un estudio muy amplio y una publicación antológica. Se ha hecho un análisis a fondo de la poesía de los talleres, donde dice el autor que estudió doscientos poemas y extrajo conclusiones importantes. Yo no leo el holandés, pero Ernesto me informó de esa publicación y de lo que decía.

GERARDO GADEA, 27 AÑOS, INTEGRANTE DE LOS TALLERES

Me imagino que estamos juntos
                              pero no
es solamente el recuerdo que me trae
esta noche, la luna.

A raíz del triunfo yo iba acompañando a Ernesto Cardenal y así fui conociendo los talleres. Porque acompañaba a Mayra y podríamos decir que para esa época yo no estaba incorporado. Porque no sabía qué era un taller de poesía, no sabía en qué consistía, qué se hacía, qué era eso. Y antes del triunfo yo leía poesía. Antes del triunfo era estudiante, ponía adoquines, trabajaba de dependiente en una tienda, estaba con el movimiento revolucionario. Después de la insurrección del 78 nos incorporamos todos, y todos los de la

197

guerrilla urbana fuimos a la montaña a recibir entrenamiento más profundo, de mayor envergadura, a manejar armas automáticas de alto poder combativo y entramos todos hasta el derrocamiento de la dictadura. Después empecé a trabajar con Cardenal pero no conocía los talleres. Aquí nunca se había oído hablar de un taller de poesía ni mucho menos. Entonces como digo, con el triunfo se crearon y yo llevaba a Mayra y me quedaba allí. Por eso una vez en Tenderí yo miraba aquello y entré a ver qué pasaba y los encontré discutiendo un poema. Y me preguntaron qué opinaba, si estaba claro eso, si yo entendía. Yo opiné por primera vez, y mi opinión fue acertada. Es decir, hablé del poema estando el poeta presente. Y desde entonces comencé a darme cuenta qué era un taller. Me fui incorporando más y más y entonces comencé a trabajar mis poemas, a presentarlos ahí con los compañeros, a leerlos y a discutirlos.

Eso sería mi experiencia inicial. Porque posteriormente yo pasé a una escuela militar, a hacer un curso de instrucción política, para oficial político y ahí creamos otro taller. Y en algunas sesiones yo dirigí ese taller. Después Ernesto me hizo gestiones para que yo entrara a trabajar en los talleres de poesía, donde trabajo ahora, dirigiendo talleres.

Fuera de eso hago tareas políticas organizativas con las organizaciones de masas. Por ejemplo yo trabajo con los CDS y además con la vigilancia revolucionaria que es una tarea de todos nosotros, cada quien en su sector, donde vive, y además las tareas organizativas del lugar donde trabaja. Yo trabajo en el Ministerio de Cultura y participamos en las tareas que se realizan, y somos poetas jóvenes con tres años de experiencia. Hace ese tiempo que todos empezamos a trabajar, a conocernos, a solidarizarnos, a compartir los versos, la crítica y la autocrítica. Y a formarnos, a conocer la nueva poesía y la vieja, porque antes no la conocíamos. No conocíamos ni la poesía china, ni la japonesa ni la norteamericana. Antes no había leído a Vallejo ni a Neruda. Y ahora los conozco y conozco a los poetas más importantes de América y la poesía inglesa. Y aunque no es nuestra poesía, conocemos a Lord Byron, a John Keats y a tantos otros. Es a partir de los talleres que se nos permite esa formación nueva. Nosotros antes escribíamos nuestros poemas pero los escondíamos porque nos daba pena, ahora me gusta leerlos, leérselos a los compañeros, compartirlos. Entonces hay otra visión del poeta.

GONZALO MARTINEZ, 21 AÑOS, INTEGRANTE DE LOS TALLERES

Pensaron que terminaban con vos
y te dispararon por última vez creyéndote muerta.
La llovizna enjuagaba tus heridas
parecía como que el cielo llorara a los héroes.

Soy de Managua pero de familia campesina, analfabeta, alfabetizada por la Revolución. Y la experiencia de todos nosotros en determinados momentos es común, porque uno de repente siente la necesidad de saber cómo es esa poesía. Antes del triunfo estudiaba, participaba en el movimiento estudiantil... pasé a trabajar clandestinamente en la guerrilla urbana y escribía mis poemas, revolucionarios en cuanto a contenido, la forma era una rima arbitraria, muchas veces cargada de vicios. Al triunfo de la Revolución escribí muchos poemas todavía, fue cuando conocí los talleres. Llegué a uno y no quería enseñar mis poemas, los llevaba enrollados en la bolsa, ahí escondidos. Me fui dando cuenta de cómo era la cuestión del taller, comencé a aprender las técnicas, a autocriticarme. Eso me ha servido también de mucho en mi vida política. Soy militante de la Juventud Sandinista, participo en la militancia revolucionaria y en todas esas tareas del proceso. Hace poco he estado movilizado en el monte, estuve en el Atlántico. En la zona en que me tocó desempeñar mi tarea militar había una barrera, es digamos la del idioma, porque ahí están otras etnias, la raza miskita y otras. Hay entonces una limitante en cuanto a comunicación. Pero eso sí, hay unos compañeros baqueanos con los que siempre que podíamos, leíamos. Y algunos de ellos traducían los poemas.

Quise conocer esa poesía que escriben en el monte. No saben quién es Ernesto, nunca han tenido acceso a eso, y esa experiencia militar a uno le sirve, le sirve porque condiciona también la poesía. Y he estado casi tres años en los talleres aprendiendo, conociendo. Estuve también un tiempo dirigiendo talleres en la zona atlántica del país. Y ahora trabajo en Managua, en Jinotepe, en unidades militares y en el Ministerio del Interior. La del Atlántico fue una buena experiencia, porque me sirvió para conocer la idiosincracia de la población de ese lado... Y ahora, aparte de todo, sigo escribiendo.

JUAN RAMON FALCON, 24 AÑOS, INTEGRANTE DE LOS TALLERES

Morir en una revolución es revolucionar la vida,
es amar, sentir, vivir dentro de una vida más
profunda,
y vos, Ninfa, has vuelto a nacer porque vivís allí
allí donde viven todos los revolucionarios.

Esto comenzó hace bastantes años, creo que tenía diez. Yo estudiaba primaria y comenzó a inquietarme la poesía. Empecé tratando de imitar lo que me llegaba a las manos, lo que yo leía, que era poesía de no muy buena calidad. Eran los temas que se escogían para los estudiantes en el tiempo de la dictadura, para así mantenerlos dormidos. Y empecé a leer poemas que carecían de temática importante. Sin embargo ese inicio marcó una vía que después llegaría a formar parte de mi vida. Luego abandoné los versos rimados que hacía y escribí poemas que resultaban un poco nuevos para mí. Se caracterizaban por la falta de rima y yo les daba importancia.

Yo soy de origen del valle, un valle de un municipio de uno de los departamentos del norte. De Condega. Soy campesino de nacimiento, a los siete años fuimos a Condega. Mis papás son campesinos los

201

dos, tengo seis hermanos y todos no somos más que campesinos, gente de pueblo. Después de la escuela me he relacionado con distintos trabajos, entre ellos el que realizaba mi papá en la época anterior al triunfo. Yo no estuve directamente en la guerrilla con el fusil, pero como todos colaboré. Cuando cayó Somoza me he integrado a casi todas las actividades que han sido demandadas por los grupos a los que estamos relacionados. He estado en la milicia, pero debido a la movilización. Yo no soy un miliciano así, un verdadero miliciano, aunque estoy dispuesto a defender esta Revolución a costa de lo que sea posible.

A Managua vine en el 79. Mis intenciones eran integrarme de lleno a todas las actividades que se estaban desarrollando en la nueva Nicaragua. Venía para la universidad. Así llegué al Ministerio de Cultura con un legajo de papeles. Y el Ministerio no tenía organización, existía sólo por decreto. Vine y me remitieron a alguien en ese momento, presenté mis poemas y los metieron en un archivo, me dijeron que publicarían algunos poemas, y así empecé a buscar una relación más directa con la poesía del pueblo. Era septiembre del 79, cuando en una casa de Managua me anunciaron la llegada de Mayra. Teníamos inquietudes con otros compañeros de montar algunas lecturas, y la llegada de ella fue oportuna. Habló de los talleres y para mí aquello resultó nuevo. Me interesé inmediatamente. Creo que andaba buscando en el momento algo de qué agarrarme. Y Mayra resultó para mí el asidero más oportuno. Fue así que comenzamos a trabajar la poesía. Allí me di cuenta de muchas cosas que yo venía sospechando de mi trabajo. Que yo casi creo que las sabía pero no las había detectado. Yo escribía poemas, algunos resultaban interesantes, otros inútiles, creo que la mayoría de ellos estaban cargados de lugares comunes, de una serie de cosas que ahora las veo muy claras y que Mayra se encargó de hacérmelas ver. Al principio la discusión se hacía casi a manera de diálogo, Mayra y el otro poeta... Mayra y yo, y así. Luego comenzó la discusión colectiva. Había compañeros que me señalaban fallas en los poemas . Luego esa falla entraba en discusión, y al final había que definir si era falla o no. Y entramos a establecer una relación crítica dentro del taller. Eso fue bien importante porque al principio a uno le duele que le llamen la atención o le digan mirá que este verso no va bien. Y le duele porque cree que ese es el mejor verso que tiene escrito. Claro, con el tiempo se va dando cuenta de la verdad, es que los otros tienen razón, y uno tiene que aceptarlo y después darse cuenta que hizo bien aceptándolo. Fue entonces que vi que la poesía tenía otra dimensión, pude hacerla más funcional, tenía una función dentro del proceso mismo que estábamos comenzando a forjar entonces. Ese proceso social, político, ese proceso revolucionario. Y fue así que comencé a escribir poemas como los que ahora integran esas antologías que se han hecho. Para eso tuve que abandonar un legajo de poemas, a los que a veces recurro para rescatar algunas imágenes que me interesan: pero ya son poemas de otra actualidad los que escribo ahora. Yo creo que los talleres han significado para mí la escalera para llegar adonde yo quería.

"ME PEGARON UN BALAZO EN LA ESPALDA Y ENTONCES YA NO PUDE HACER NADA"

Bajo el rayo del sol se respiraba el ambiente combativo en la Plaza Aráuz Palacios de León, cuando el Comandante Daniel Ortega terminaba su discurso del Cuarto Aniversario de la Revolución diciendo "Todas las armas al pueblo para defender esta nueva sociedad; todas las armas al pueblo para defender la paz. Todas las armas al pueblo. Todas las armas al pueblo para defender esta Patria Libre o Morir". Durante largos minutos la multitud coreaba consignas: "¡Luchamos para vencer, no Pasarán! ¡Dirección Nacional: Ordene . ¡No pasarán! ¡Somos hombres de combate! ¡Nadie nos doblegará!" Representantes de casi un centenar de países observaban contagiados del clima militante de la enorme muchedumbre que se había congregado para participar del acto en un momento en que la agresión externa parecía cobrar aún más peligro.

Y junto a la fuerza expresiva y firme estaba lista la alegría espontánea del pueblo cuando llegaban las canciones de Carlos Mejía Godoy que eran coreadas por la multitud. Las voces decían: "Ya son cuatro al hilo, Nicaragua es un portento, un cohete de mil *colores, como una lluvia de flores que estalla en el firmamento".*

Al culminar el acto en la plaza fuimos al almuerzo que estaba programado para los invitados y en el que había cientos de personas. En medio de la situación emotiva y expansiva, me topé con un muchachito de unos dieciocho años que tenía un brazo y un antebrazo cortados por una acción de guerra y que trabajosamente empinaba un refresco. Su presencia me golpeó y busqué a uno de los guías y comenté lo sucedido y le pedí que me arreglara una entrevista.

Quería conocer su historia, mostrar un ejemplo de lo que provoca la agresión externa en Nicaragua.

—Espera un momento —me dijo— y a los pocos minutos reapareció. Junto a él venía un compañero en silla de ruedas. —Es Orlando Pérez, de la Organización de Revolucionarios Deshabilitados.

El recién llegado me miró:

—Por estar así no podemos dejar de luchar. Nicaragua nos precisa a todos.

Y tras conversar algunos minutos quedamos en que el día siguiente lo visitaría en la Organización. Allí tuvimos estas entrevistas.

"ME PREGUNTARON SI ESTABA DISPUESTO A QUE ME CORTARAN EL PIE"

Yo soy León Castillo Montalbán. Soy de Zelaya Norte. Y tengo 19 años. Mi accidente lo tuve por las bandas contrarrevolucionarias que están entrando de

Honduras a Nicaragua. Fue el 22 de marzo de 1981 que yo fui herido en defensa de la Revolución. Yo trabajaba en el Ejército. En las fuerzas de Ejército Popular Sandinista. Y el motivo que me llevó a integrarme a las Fuerzas Armadas fue por lo mismo, pues, que Nicaragua se vio obligada a que su pueblo se integrara a la defensa.

Cuando yo estaba en las Fuerzas Armadas se vio que teníamos que realizar una misión donde yo iba con otros compañeros. Y ahí fue que nos enfrentamos con las bandas en una emboscada que nos hicieron. Ahí salí herido yo y otro compañero más, como a las once de la mañana. Me llevaron al hospital como a las tres y media de la tarde. Cuando llegué al hospital ya había infección en mi pie. Ahí me dijeron que me iban a traer en un avión aquí, a Managua, pero como ese día se dificultó el vuelo, me preguntaron a mí si estaba de acuerdo que me cortaran el pie allá, antes de venir a Managua, porque se me iba a encaminar más la infección. Entonces yo dispuse que así fuera. Pues el doctor decía que podía perder la vida si se me encaminaba más la infección.

Ahora me he ido recuperando. Y estoy trabajando y también estudio. Estoy trabajando en unos talleres, estoy en aprendizaje de carpintería y mecanografía. Y también estoy estudiando en educación de adultos. O sea, yo estoy aprendiendo de los que vienen aquí a dar clase en el centro, en la Organización de Revolucionarios Deshabilitados. Aquí se han comprometido mucho

209

con los compañeros que tienen, como yo, limitaciones físicas. Se han venido enmarcando a los compañeros para que se integren a la sociedad, aquí se dan trabajos, se capacitan para el futuro, para que no necesitemos de los demás para mantenernos, para que no precisemos ayuda y nos bastemos a nosotros.

La zona donde hacíamos la vigilancia, era la de Puerto Cabeza en el norte. No era en la ciudad sino en unos montes en que había sólo pinares, como un bosque. Estábamos ese día de concentración para una invasión que estaban por lograr los guardias de Honduras y que se iban a meter en Nicaragua. Y nosotros estábamos reconcentrados para esa invasión que iban a hacer ellos. Ahí fue que recibimos la llamada de que iban a entrar y nosotros fuimos a enfrentarlos a ellos. Dijeron que nos estaban esperando más adelante. Ahí entonces nos confiamos y nos tendieron una emboscada. Nosotros éramos una compañía, cuarenta hombres; ellos eran como ochenta. Pero logramos salir de la emboscada y llamamos el refuerzo de la patrulla y logramos aniquilarlos. Los nuestros que venían detrás los terminaron, todos ellos cayeron. Y nosotros salimos además con ocho heridos. Mi pie lo hirió un francotirador que estaba en un palo. No me había fijado. Cuando yo lo veo, me tira. Me hago a un lado y el balazo pasó directamente, me pegó. Pero me salvé. Por suerte me salvé.

"ERAN TREINTA CONTRAS Y NOSOTROS SOLO DOS"

Me llamo Alcides Terceros y soy de Quilali, de La

Segovia, en el norte de Nicaragua. Tengo 22 años. Me hirieron a fines del 79, a cinco meses del triunfo. Fue de los primeros ataques de los contras. Nosotros estábamos en un puesto de mando, en un comando sandinista. Al lado de León, una comarca vecina a la carretera. Estábamos en una base militar y habíamos sido hostigados varias veces por los contras. Un día llegó una señora a pedirnos un favor, que reclamáramos en un bus un medicamento que se le había quedado, en una maleta que había dejado olvidada. Nosotros teníamos que salir a la carretera a parar el bus. Entonces decidimos ir a parar el bus para que la señora recuperase el medicamento. Salimos del comando en que estábamos.

Yo y otro compañero paramos el bus. Le preguntamos al chofer donde estaba el medicamento, que si lo tenían. Y la maletita de la señora. El chofer contestó que sí, que no estaba perdido, nada más que la tenía que reclamar la señora en la Cotran, en la agencia de viajes. Entonces se fue el bus. Y nosotros le dijimos a la señora que tenía que ir a la agencia a buscar el medicamento y todo lo que llevaba allí. Y decidimos acompañarla hasta donde iba ella, a una casa que quedaba fuera, en el monte. Ya era de noche y la dejamos cerca de la casa donde vivía porque ella iba acompañada de unos chavalitos, de unos pocos chavalitos. Ya era de noche, como las seis de la tarde. Pasamos unos puentes y ya tenían una emboscada los contras. Alrededor de unos treinta contras y nosotros éramos sólo dos. Y los otros compañeros habían quedado en el comando, y sólo estábamos cinco en el comando ese día. Cuando los otros compañeros oyeron el tiroteo, el combate que teníamos, se acercaron a reforzarnos a nosotros, pero yo ya estaba herido.

Ahí murió un civil, porque un civil de la casa de ahí cerca, agarró un arma de nosotros y le disparó a los contras. Y al civil lo mataron, un señor ya de edad, de unos ochenta años.

Y cuando yo caí en la emboscada recibí una ráfaga en la pierna derecha. Bueno, yo caí disparando. No perdí el conocimiento en ningún momento. Les disparé a ellos. Y siguió el tiroteo como media hora entre ellos y nosotros. Después otros que estaban por detrás, porque estábamos rodeados, me pegaron un balazo por la espalda y ahí ya no pude hacer nada.

Después llegó el refuerzo de los otros compas de nosotros y les contestaron y lograron retirarlos a los contras, pese a que eran bastantes ellos y nosotros éramos pocos. Fue entonces que los compas salieron a buscar una camioneta para retirarme a mí. Y me dejaron ahí solo. Yo había entregado mi arma a los compas para que no me la quitasen si volvían. Era de noche pero yo los sentía salir del monte. Sentía que me rodeaban. Yo estaba boca abajo. Y en un momento en que estaban alrededor mío me quitaron la gorra. Y se retiraron porque me miraron que estaba muerto, porque yo me hice el muerto porque estaba solo y sin armas y nada podía hacer. Cuando se fueron, como a la hora llegó el refuerzo de nosotros y me sacaron de ahí, del lugar y siguió el enfrentamiento, siguieron los disparos.

El balazo de la espalda me paralizó los miembros inferiores, el nivel de la herida es dorsal once. Es la dorsal once. Me dejaron paralítico de la cintura para abajo. Y ahorita estoy todavía recuperándome. Estoy aprendiendo un oficio, porque a raíz del triunfo se creó este centro para capacitar a los deshabilitados, ya que en el tiempo de Somoza no existía nada de esto. Yo aquí estoy aprendiendo sastrería pero hay otro tipo de talleres. Yo recibiré mi diploma en noviembre, y así podré integrarme a la sociedad, a la producción, al trabajo.

"ERA UNA PROMESA QUE ME HABIAN HECHO"

Mi nombre es Orlando José Pérez Velázquez. Nací en el 59 en la ciudad de Managua. En 1975 yo sufrí un accidente de natación. En 1976, pese a mi gran invalidez, me integro a un grupo político cultural que se llamaba Nueva América, que es el que dio a conocer junto con Carlos Mejía Godoy la misa campesina. Empezamos a trabajar en los talleres de sonido popular que son parte de la lucha del pueblo. Para 1978 yo paso a ser representante de la comisión de literatura, pero un año después se disuelve el grupo porque la mayoría de los compañeros toma las armas. Algunos caen. Muere Diego Aguirre que fue quien armó la participación nicaragüense para representarnos en el Perú, el compañero Mario Montenegro que era el que partici-

213

paba en Radio Sandino, el compañero Armando Montorio, uno de los primeros titiriteros del teatro de títeres políticos que ahora es responsabilidad de los CDS.

Yo me integro también al trabajo después del triunfo de la Revolución, pero duro poco porque me mandan a rehabilitarme a Cuba. Era una promesa que me habían hecho. Esa fe en la Revolución es la que se cumple cuando me mandan. Al regresar estudié un poco de inglés y me integré al trabajo de la Organización de Revolucionarios Deshabilitados.

La herida que yo tuve fue a nivel muy alto, a la altura de C5 y C6, por el cuello, eso me ha dejado grandes limitantes. Pero ahora, entonces, trabajo en la Organización de Revolucionarios Deshabilitados, cuyo principal objetivo es luchar por la integración social, política y económica de los deshabilitados. Un hecho muy grande porque el somocismo no nos había dejado ninguna tecnificación. La recuperación, cuando se hacía, era sólo física, esto quiere decir, por decir algo, que cuando un obrero de la construcción se caía de un andamio, sólo lo trataban físicamente. El no sabía ser otra cosa que albañil, y eso no era posible en una silla de ruedas. Además para estudiar estaban los problemas de transporte, no hay transporte para los inhabilitados. Si quieren ir a la escuela se encuentran con que las escuelas tienen barreras arquitectónicas. No existen leyes que demanden de los empleados estatales o particulares, trabajos específicos para los trabajadores deshabilitados. Entonces nosotros nos encontramos con un sinnúmero de problemas y luchamos por esas reivindicaciones. Es bien duro. Lo único con lo que contamos es con el gran triunfo de esta Revolución, que nos dará todas sus instancias para lograr nuestra reivindicación. Aquí estoy laborando ahora, en este momento soy responsable de la secretaría de educación y propaganda. Tengo entre mis responsabilidades la de dar a conocer a la ciudadanía misma los objetivos y las actividades de nuestra organización.

En nuestro programa está el educar a los compañeros y poder darles la independencia económica y de acción, y también educar a la misma sociedad. Es decir que la organización nuestra no es un fruto que nace por sí sólo, sino que ha germinado por ese mismo cambio social que se llama Revolución. El trabajo para nosotros es duro. Y tienes que tener en cuenta que nosotros tuvimos un terremoto en 1972 en el que muchos compañeros quedaron con secuelas, y además una larga guerra de liberación que incapacitó a mucha gente. Todavía no completamos un censo, lo estamos haciendo para ver cuántos somos. Y también la guerra que el imperialismo desata desde Honduras contra Nicaragua está arrojando nuevos deshabilitados. Y nosotros tenemos que encontrar respuesta a eso. Los compañeros que defienden la patria no pueden quedar al margen, tienen que integrarse al proceso, porque siempre hay que mantener combatividad, desde donde se pueda y pese a los límites que se tengan. Hoy existen escuelas de capacitación que son formadas a

215

través de los ministerios que preparan al individuo para integrarlo a la sociedad. Pero nuestra organización va más allá de una capacitación. Va hacia una integración social de los deshabilitados. Luchamos porque no haya más barrereas arquitectónicas, luchamos porque hayan leyes que protejan, luchamos para que los compañeros taxeros —que son un gremio bastante fuerte y muy difícil— comprendan que nosotros somos parte de la sociedad y el de ellos es el único medio de transporte que tenemos. Luchamos para que en los teatros y los cines tengan accesos que podamos abordar. Hemos visto en otros medios un gran avance de los deshabilitados en su lucha por la integración social. Y aquí en Nicaragua nosotros tenemos una Revolución que nos presta todas sus instancias para que logremos nuestra reivindicación.

"PARA SER LIBRES
NOS HIZO EL SEÑOR"

Vos sos el Dios de los pobres,
el Dios humano y sencillo,
el Dios que suda en la calle,
el Dios de rostro curtido.
Por eso es que te hablo yo
así como habla mi pueblo,
porque sos el Dios obrero,
el Cristo trabajador.

Misa campesina
Carlos Mejía Godoy

Esa mañana la hermana Luz Beatriz estaba muy ocupada. A la hora en que habíamos concretado la entrevista vino a nuestro encuentro. Es una mujer madura y fuerte, con ojos cálidos y mentón firme, su cara refleja la confianza en la gente, el sabor de la lucha, la decisión de defender lo que cree que es justo.

—No quiero hacerlo esperar. Pero tengo a otra gente que llegó antes y que también estaban citados.

—La espero con gusto, hermana.

—Venía proponerle otra cosa. *Que pase con ellos. Son de una iglesia protestante. Son holandeses. Sabe que esto es de todos los días, vienen creyentes y pastores de todos lados a que les contemos nuestra experiencia. Quieren entender por qué nosotros tomamos nuestro ministerio de la forma como lo hacemos. Es que la gente de los países desarrollados no entiende la dimensión y la urgencia de nuestro pueblo.*

Asentí y todavía agregó:

—*Va a ver cómo nos ven. Las preguntas que nos hacen.*

Atrapaba su voz llena y convencida, su forma frontal de tomar las cosas. Asistí, pues, a la reunión con los holandeses, y luego tuvimos la conversación que sigue.

"LOS PONIAN EN JAULAS PARA QUE FUERAN COMIDOS POR LOS ANIMALES"

La situación de América Latina, de Centroamérica en particular, ha sido una larga historia de dependencia económica, social, política y eso ha tenido consecuencias fuertes también en el plano religioso. En lo político, nosotros vivimos antes del triunfo de la Revolución, cincuenta años terribles de dictadura, que significaron para nuestro pueblo verdaderamente el martirio, si usted quiere, en términos de Iglesia. Cada año asistíamos al entierro de centenares de jóvenes masacrados por la guardia, y unas veces ni siquiera los podíamos enterrar porque desaparecían, no sabíamos dónde estaban, y el pánico que se fue instalando en el pueblo fue horrible. Sin embargo, los jóvenes intentaron hacer algo para que esa situación cambiara. La represión iba en aumento. Nosotros sabíamos que en las cárceles de Somoza no estaba algunas veces la gente que buscábamos y la razón era que en la cárcel, Somoza tenía jaulas con animales salvajes. Y los prisioneros que para ellos eran peligrosos, los ponían en las jaulas para que fueran comidos por los animales. Eso ahora parece una novela pero es la pura verdad. Y al final, cuando los muertos fueron muchos, Somoza los cogió en camiones de botar basura, en la madrugada, y los botó en el cráter de un volcán en Masaya. El pueblo lo vio y eso se sabía, pero no se podía hacer mucho.

La situación de represión generalizada y la pobreza masiva de nuestro pueblo nos hicieron preguntarnos a los cristianos, cuál era nuestro papel ante esa situación. Como en todos los países, los cristianos intentamos siempre tener algún tipo de acción hacia los pobres, pero nos dábamos cuenta que nuestra acción era de tipo asistencialista... confortar la enfermedad, dar algún tipo de reparo. Pero carecíamos de recursos para aliviar la situación de la mayoría de nuestra gente. Y empezamos a reflexionar sobre las raíces profundas de nuestra pobreza. Sabíamos que Nicaragua era un país pequeño pero con recursos suficientes para hacer vivir a sus habitantes. Entonces una de las primeras tareas que asumimos de la manera más consciente, fue el sentido de nuestra realidad. Ver por qué no podíamos salir de esa situación de miseria de nuestro pueblo. Nos dábamos cuenta que era imposible que dijéramos que todos éramos hermanos y que estuvieran por un lado los explotadores y por otro los explotados. Para muchos de nosotros eso significaba un escándalo. Y algunas veces rezar el Padrenuestro era como una tortura, algo angustioso. Cómo hablarle a Dios Padre, y vivir en esa situación de terrible explotación de los unos por los otros. Y sobre todo estando el sector de clase dominante que colaboraba con Somoza y asesinaba cada día al pueblo.

Nuestro análisis de la realidad nos hizo descubrir que nuestra situación era de dependencia interna y externa, económica, política y también social. Porque el grupo que tenía el dominio económico tenía también el de las otras cosas, era el dueño de los medios de comunicación, de los partidos políticos tradicionales, eran los que se beneficiaban de todo. Y eran los productores junto a Somoza. Entonces era imposible pensar en una mejoría de la situación en Nicaragua si no pensábamos en un cambio. Ante ese estudio de la realidad, al tener ya un análisis más correcto, más profundo, pese a que partíamos de las cifras de la dictadura, nos planteamos cual era el papel del cristiano ante esa situación. Nosotros sabíamos que Dios, es el Dios de la vida. Y la gente moría en la calle. Eso se miraba. Y si Ud. recorre Managua todavía —cuatro años son poquitos para terminar con la situación— Ud. mira las casas de la gente pobre a pesar de todo lo que el Ministerio de la Vivienda ha hecho, y verá de qué le hablo...

"DIOS ESTA LIBERANDO AL PUEBLO"

En tiempos de Somoza la represión era tan fuerte que no teníamos derecho a organizarnos. Una reunión para discutir la Biblia era sospechosa. En esos días hicimos un análisis de la realidad desde el punto de vista teológico; y frente a esta realidad qué nos dice Dios, qué quiere El de nosotros. ¿Quiere Dios que la gente viva en esta pobreza, en esta represión? Y entonces un segundo paso fue para nosotros el confrontar nuestra realidad con la palabra de Dios. El segundo, pero que en el fondo es casi automático; uno no estaba haciendo una investigación sin sufrir la situación y sin constatar que Dios no quiere eso. Nosotros entonces pasamos a hacer encuentros en regiones, para ver cómo eso se estaba viendo en cada región, y para dialogar como cristianos con la gente y ver que Dios no quería esa situación, pero que Dios no iba a mandar ángeles para terminar con ella, sino que nosotros teníamos que cambiarla. Fue así que los cristianos, después de reflexionar como cristianos sobre esa situación, pasamos a ver también tareas concretas. ¿Qué tareas? Si Ud quiere, a eso nosotros lo llamamos "pistas pastorales". ¿Qué vamos a hacer para modificar la situación como cristianos? Si decimos que el pueblo es el pueblo de Dios, que no hay dos historias —una profana y una de salvación por otro lado— que la salvación en Dios se manifiesta en esa historia nuestra, en la medida en que hay liberación, Dios está liberando al pueblo.

Una cosa importante para nosotros fue empezar a asumir pequeñas tareas en los barrios. Por ejemplo sobre la leche. El pueblo no podía tomar leche, sólo podía mirar pasar los camiones con leche. Entonces hubo un momento en que empezamos a hacer huelgas para parar a los camiones con leche... Para nosotros ese era un trabajo fundamentalmente cristiano. Era un trabajo pastoral. Porque nosotros sabemos que la vida es un don de Dios, y la vida aquí estaba siendo atropellada, no tenía posibilidades de crecer y manifestarse; entonces empezar a hacer que el pueblo tuviera acceso a la leche, era también hacer que la vida que Dios quiere para los hombres fuera también una realidad. Nosotros no podemos separar donde empieza y termina el trabajo social y donde empieza el trabajo cristiano. ¿Sabe por qué? Porque la dignidad que Dios quiere para el ser humano es enorme y esa dignidad ni la vivíamos ni la teníamos. Supimos que ser cristianos no empezaba cuando una va a misa o a una celebración en su iglesia. Y eso era una dicotomía que nos vino de Europa: Dios encontrado en la Iglesia y después la vida con todos los horrores. Entonces para nosotros la transformación de nuestra realidad es una tarea cristiana. Si Ud. coge la Biblia y abre el Génesis ¿qué quiere decir todo aquello de que la tierra es de todos, la tierra está puesta en manos de los hombres y de las mujeres para que la disfruten y para que la sometan? Y eso no pasaba aquí. Y debíamos hacer una tarea de transformación y venir a celebrar nuestra fe, que nos está impulsando a hacer que el hombre y la mujer sean verdaderamente señores de este mundo; pero no solamente unos poquitos, sino todos. Y entonces si vamos a los hechos de los apóstoles, de las primeras comunidades cristianas ¿qué hicieron? Celebraban la fe, partían y compartían el pan, y cada uno tenía lo que necesitaba. Nosotros redescubrimos que el cristianismo tiene una dimensión comunitaria. Cuando no tiene esa dimensión es que no está sirviendo, es que como cristianos no estamos haciendo verdaderamente Iglesia. Porque la iglesia, cualquiera que sea, tiene que ser fundamentalmente una comunidad, y una comunidad que está enraizada en su propia realidad. Si no ¿dónde va a vivir el Evangelio?

"ENTONCES SU DIOS ERA LA RIQUEZA"

Ser cristiano no es tener una etiqueta. No es solamente hacerse bautizar. Ser cristiano es vivir en cristiano, vivir los valores del Evangelio aquí y ahora en Nicaragua. Puede ser que para un cristiano en China o Japón, en Estados Unidos, se le pida otra cosa. Pero en Nicaragua es responder a esta realidad que hoy está beneficiando a los pobres de Nicaragua. Si quieren ser cristianos, yo creo que los cristianos opositores a la Revolución, tienen que hacer una conversión. Pienso que uno de los problemas fundamentales de la Iglesia es ese problema. Pero yo quisiera explicarle: en el trabajo primero de evangelización, que no se pudo hacer masivamente, porque la represión era muy grande y nosotros tampoco eramos muchos y no siempre tuvimos el apoyo de nuestros obispos, siempre debimos batallar contra ellos para hacer ese trabajo. Unas veces nos entendieron y nos acompañaron y otras se quedaron a mirar y desbaratar los equipos que se habían organizado. En ese trabajo nosotros dirigimos la evangelización a todos los sectores del país. Y así encontramos a un sector de la burguesía que comprendió que no podían seguir viviendo en esa situación de privilegio y de explotación y ser cristianos. Y por eso encontramos a un sector de la burguesía participando así desde su fe, y encontramos a otro sector que nunca fue cristiano, nunca le interesó la Iglesia porque tenía muchos bienes y su dios era la riqueza. Y resulta que ahora, con el cambio, con la Revolución, este sector que nunca se interesó por la Iglesia, ahora hace muchas reivindicaciones de fe. Ellos ahora quieren decir cómo hay que ser cristianos en Nicaragua. Han tomado la religión como una bandera para defender sus privilegios.

Creo que la evangelización que se empezó en épocas del somocismo permitió que un sector bien importante de cristianos entendiera desde su fe, la necesidad de trabajar para que hubiera más justicia, para que hubiera una situación de igualdad, y traducido en cristiano, para nosotros eso significa trabajar para que el Reino venga. El Reino no es una cosa que esté en las nubes, tiene que ser aquí y ahora, ya, no realizado totalmente, pero sí en camino. Creo que eso fue entendido y eso hizo que los cristianos participaran en todas estas tareas de transformación de Nicaragua. Eso no significa que no tuvimos problemas, uno de los problemas fundamentales que nos planteamos, era en relación a la violencia. Porque los conceptos que nosotros habíamos recibido del cristianismo europeo, fundamentalmente de España que no era el país más avanzado, era la violencia como la que nos viene de fuera; pero quizá no tuvimos la oportunidad de reflexionar sobre la violencia que nosotros estábamos viviendo como pueblo. Y evidentemente cuando se trataba de pensar cómo responder a la guardia somocista que asesina, se plantea el problema de la violencia. Todo el mundo sentía que no estaba tan claro que se debieran tomar las armas. Y tuvimos que reflexionar sobre esa situación de violencia institucionalizada, sobre la necesidad de defender la vida como un don de Dios. Además llegó un momento en que Somoza no nos dejó mucho tiempo para la reflexión porque las masacres eran muy grandes. Entonces el derecho legítimo a la defensa de la vida, es algo tan tradicional en la vida de la Iglesia... pero se ha quedado en los libros, porque la Iglesia se ha desarrollado mucho más, ha vivido en el sistema capitalista, y no en la periferia sino en el centro. Europa, Estados Unidos o Canadá. Y la teología la recibimos de ellos... y eso para nosotros era un obstáculo bien fuerte. Yo le decía que nuestro proyecto fue dirigido a todos los sectores, lo que provocó que algunos grupos de la clase media y alta participaran también, lo entendieran desde su fe, y hoy tenemos gente que trabaja en el gobierno, que son cristianos, que eran de clase media y alta, que lo dieron todo y lo están dando todo, porque entendieron que era la única manera de ser cristianos. Nosotros reflexionábamos, por ejemplo así: Mire, si usted es un padre de familia y tiene siete hijos, le da de comer carne a dos y deja sin comer a los otros cinco. Bueno, si todos somos hijos de Dios en este pueblo, y una minoría estaba aprovechándolo todo, y en la fe somos todos hermanos, eso no puede seguir. O usted deja de ser cristiano y es lo que quiera; pero esa situación no puede seguir.

Ahora, este era un planteamiento no desde un partido político, sino desde la fe, una motivación para que Ud., la asuma como cristiano, pero ya el cristiano sabe que no puede serlo si no vive su fe como tiene que ser. Entonces en la Iglesia de Nicaragua, creo que históricamente tuvimos dos problemas fundamentales. Uno, la evangelización se hizo a través de instituciones como colegios religiosos que sirvieron a la clase media y alta. Yo trabajé en un colegio, tengo veinte años de ser religiosa. Y nosotras constatábamos que ahí no podíamos evangelizar, no le interesaba a la gente el Evangelio y lo único que se podía era dar lecciones de religión, y la fe no puede ser objeto de lecciones. No es historia ni química ni geografía. Sobre la fe usted puede vivirla de una manera testimonial. Entonces la evangelización hecha a través de instituciones, no evangelizó a la clase media y alta, aunque en un largo período de nuestra historia nos ocupamos sólo de ellas. Entonces en un momento hubo una inquietud muy fuerte para decirnos ¿Qué estamos haciendo nosotros aquí? Yo por lo menos no me hice religiosa para ser una profesora de sicología o de lo que usted quiera; asumí mi compromiso de fe, para ser una animadora de la fe de mi pueblo. Entonces, para decir, la clase media y alta tuvo una gran oportunidad que no le interesó mucho, y nosotros estuvimos descuidando a nuestro pueblo.

"UNA POLITICA PARA LOS POBRES QUE VA A SER PARA TODOS"

Y así nacieron en Nicaragua las comunidades de base, las comunidades juveniles. Yo diría que tuvimos el impulso más grande en la fe. Entonces la evangelización se dirigió a todo el mundo, pero no todo el mundo... siempre es una propuesta libre. Cuando la Revolución triunfa, al principio todo era muy lindo, más o menos todo el mundo estaba de acuerdo en que Somoza se fuera, incluso nuestra clase media y alta, porque tenían sus intereses económicos lesionados por Somoza, porque fue una dictadura económica que paulatinamente fue quitando espacio a los sectores económicos que no eran de su partido. Y entonces ellos estuvieron de acuerdo en que Somoza se fuera. Pero cuando la Revolución empieza a implementar leyes de reforma agraria, de vivienda, de salud para todos, de participación de todos los sectores en el Consejo de Estado, aún los más pobres, hay un sector de la burguesía que tiene pánico, tiene miedo, siente que no es la reforma que ellos pensaron, sin Somoza para disfrutar mejor de los privilegios. Cuando sale Robello del Consejo de Estado, salió haciendo una cantidad de acusaciones, pero en realidad lo que él tenía era miedo de no poder tener ya el mismo tipo de negocio y de disfrute que tenía antes. Eso para nosotros era bien claro. Entonces eso hace que ahora tenemos un sector de la burguesía y también un sector del pueblo pobre que ha recibido esos mismos valores por todo el pasado y miran a la Revolución como una amenaza. Pero políticamente en el pasado, ellos no respondieron a los intereses del pueblo, a sus necesidades. ¿Cuál es la manera ahora de intentar regresar y decirle al pueblo que ellos tienen una respuesta válida? Políticamente no porque el pueblo sabe que esos partidos nunca hicieron nada para ellos. Entonces el juego es bien fácil. Ellos dicen, nosotros somos cristianos, somos religiosos, somos quienes vamos a defender la religión en Nicaragua y la empresa privada. Eso lo dijo Robello el día que anunció el programa de gobierno de su partido. Dijo: "Yo propongo al pueblo de Nicaragua la defensa de la religión, la libertad y la defensa de la empresa privada". Entonces usted lea eso y diga, bueno ellos quieren la defensa de la empresa privada pasando por la religión; se ha dado en este pueblo una manipulación religiosa terrible, porque es la única manera de penetrar en un pueblo que es profundamente cristiano, profundamente religioso, aunque no sea suficientemente formado porque no ha sido organizado.

Nosotros somos unas iglesias heredadas de la colonia; aquí la colonización significó la cruz y la espada y todavía estamos sintiendo ese problema con mucha fuerza. Por eso este sector de la burguesía está continuamente lanzando acusaciones contra el proceso, diciendo que no hay libertad de religión, que vamos hacia el comunismo, todas esas acusaciones que Ud., ha oído afuera. Lo hacen desde sus intereses económicos, que han perdido poder político, pero conservan peso económico. Nosotros estamos todavía en un proceso, en un sistema de economía mixta donde ellos si quieren pueden colaborar, pero para hacer una política que va a ser para los pobres, que va a ser para todos.

Nosotros en Nicaragua nunca hemos tenido un proyecto democrático como el actual, en el concepto de Estado por ejemplo. Usted tiene la participación de los partidos políticos que no son el Frente Sandinista — además del Frente—. Tiene la representación de los diferentes sectores sociales del país, los campesinos estan representados por los campesinos y ellos están diciendo lo que necesitan, qué tipo de política, las leyes y todo. No es un diputado el que representa a los campesinos y los puede engañar. Las mujeres están representadas por las mujeres. Los jóvenes, los profesionales incluso, sectores de la Iglesia han tenido su representación en el Consejo de Estado. Porque mucha gente piensa que este proyecto que beneficia a los pobres, es una experiencia verdadera para poder concretar la opción preferencial por los pobres, que por lo menos los obispos de la Iglesia Católica de América Latina han formulado en dos oportunidades. Y la Iglesia Católica estaba representada por la Asociación Nacional del Clero, que era la única organización que existía como tal. Ahorita eso se paró. Es decir, no existe más por dificultades con la jerarquía. Pero para nosotros la experiencia del Consejo de Estado es una realidad democrática. Entonces cuando fuera están diciendo que Nicaragua necesita elecciones, que no tiene democracia, lo están diciendo ellos desde su experiencia de una democracia formal, burguesa, pero no es la experiencia que nosotros estamos haciendo; nosotros tenemos elecciones casi a diario.

Creo además que en Nicaragua los derechos humanos no solamente son protegidos, sino promovidos. Usted puede visitar la Comisión de Derechos Humanos. Y va a mirar incluso el sistema de cárceles abiertas, que es un proyecto que está significando una posición muy optimista sobre la persona humana. Incluso el enemigo, el que fue asesino de la escuela de entrenamiento táctico formada por Somoza para matar, está recibiendo un tratamiento de recuperación. Yo no he visto eso en ninguna Revolución antes. Y si Ud. analiza eso en cristiano, eso qué es sino respeto por la dignidad humana, y optimismo el pensar que se puede recuperar. En la mayoría de países desarrollados existe la pena de muerte. Entonces yo veo que los derechos humanos aquí son promovidos. Ahora eso no significa que nosotros no cometemos errores, somos una Revolución joven, apenas tenemos cuatro años, y en cuatro años se pueden hacer tantas cosas que Ud. puede admirar. Pero es evidente que la deformación del pasado no nos dispensa a nosotros de cometer errores; pero esos errores son más chiquitos y son más posibles de enmendar, que los que se cometen en países mucho más grandes, pero que no son levantados como una bandera para atacar un proceso que está siendo un modelo para los pueblos de América Latina.

Por ejemplo el problema de los miskitos. Tanto se ha manipulado ese problema pero nunca se hizo tanto por los miskitos como en este tiempo. Ahora por la situación de guerra los miskitos tuvieron que trasladarse al interior del país, y hay escasez de información, una dependencia muy grande de los Estados Unidos y la contrarrevolución que nos viene de Honduras, toda una cantidad de factores que hace que es verdad que ellos fueron trasladados y no están en sus propias tierras; pero nunca tuvieron antes los beneficios de hoy. Sin embargo, mientras Reagan hace una campaña sobre los miskitos, ellos no tienen resuelto el problema de los indios en Estados Unidos, ni tampoco lo tiene Canadá. Y continúan las masacres de las multinacionales norteamericanas en otros países latinoamericanos como el Brasil.

"ESTA ES UNA GUERRA ESCANDALOSA"

Reconocemos que no somos dioses, que tenemos errores y seguramente vamos a seguirlos cometiendo. Pero yo creo que nosotros estamos ayudando activamente a que el mundo se transforme. Y pienso que hoy es una tarea fundamental la paz en Centro América. Porque creo que no hay derecho a que un pueblo como Nicaragua, que no llega a los tres millones de habitantes, sea tan amenazado y en peligro de ser destruído, por un gran poder como los Estados Unidos. Creo que esta es una guerra escandalosa, inmoral, y yo creo que los cristianos del mundo entero, si no toman posición sobre esta situación, tampoco tienen derecho a hablar de la fe. Porque Dios es un dios de la vida, e indistintamente de las opciones políticas de cada uno, está la vida en juego y yo pienso que la tenemos que defender.

Para continuar el proceso los cristianos estamos metidos en todas las tareas que la Revolución demanda, en todo lo que se ha venido generando como necesidad. Usted encontrará cristianos desde la base, en los Comités de Defensa, en la vigilancia revolucionaria, en la defensa armada de las fronteras, en las campañas masivas de salud, en la educación de adultos donde hay además muchas religiosas que están trabajando a tiempo completo. Y Ud., encuentra cristianos en los ministerios, en los más altos sectores del gobierno. Creo que somos el único país que puede afirmar que tenemos cristianos militantes que están metidos en tareas que son fundamentales para la vida nacional, como los Ministros de Educación, Bienestar Social, Vivienda, o Relaciones Exteriores. Además hay cantidad de cristianos metidos en cargos intermedios.

¿Por qué estamos metidos ahí? Bueno, creo que es la primera vez que este pueblo tiene la oportunidad de tener la historia en sus propias manos, y eso en cristiano significa verdaderamente alcanzar niveles de dignidad que son postulados de fe. Y en segundo término —aunque no lo podemos separar— creo que este proceso es realmente la esperanza de los pobres de Nicaragua y de América Latina. Si nosotros hacemos una evaluación de estos cuatro años, hemos visto prácticamente desaparecer el analfabetismo, hemos visto a los sectores más sencillos participar en la vida de este país a través de sus organizaciones. Y entonces los cristianos están presentes también en todas las actividades. Hemos visto como la salud del pueblo ha mejorado. En 1982 Nicaragua no tuvo un sólo caso de polio. Un país con tan pocos recursos... eso nos está diciendo algo en cristiano y en humano. Creo que no podemos separar los logros cristianos de los humanos porque en el fondo la propuesta de Jesús es eminentemente humana. Nosotros ahora con más alegría celebramos la fe, porque estamos celebrando esos grandes alcances para nuestros hermanos y hermanas, sumamente empobrecidos y explotados por siglos. Creo que lo básico es más que mantener algunas acciones propias como cristianos, apoyar fundamentalmente lo que está haciendo la Revolución. Porque sólo una Revolución puede alcanzar los logros para el ser humano que se están pudiendo alcanzar aquí; solamente unos niveles de organización nos pueden dar eso.

Los cristianos aportamos el sentido de la gratuidad que nos es propio. Yo creo que si de algo podemos calificar a Dios es como del don gratuito, el que se da, el que se entrega, el que se revela porque sí, y el que quiere que el hombre sea lo más grande que pueda existir, pero para todos; y yo creo que la Revolución nos está aportando a nosotros el marco para que esa opción por los pobres sea posible. Y creo que sin eso, ni con todo el dinero del mundo lo podríamos lograr. Ahora, es triste decirlo, pero es evidente, usted lo puede palpar, esta opinión no es compartida así por nuestros pastores, sobre todo por el de Managua. A pesar de que en noviembre de 1975 nuestros obispos hicieron una pastoral —yo creo que es de las cartas más viejas optando por el socialismo— diciendo que si el socialismo permite el desarrollo de la vida, ellos estaban totalmente de acuerdo y reconocían cosas que me parecen fundamentales. Ellos reconocían que el Frente Sandinista se había ganado un lugar y que era incontestablemente la vanguardia del pueblo. Decían también que las comunidades de base, las comunidades cristianas eran para ellos la gran esperanza, que no podían hacer nada en este país sin contar con ellas. Y decían que la única cosa que pedían a la Revolución, era con humildad, la posibilidad de evangelizar. Esta tercera cosa, creo que no ha desaparecido de Nicaragua sino que cada vez es mayor. Pero las otras cosas han empezado como a ser negadas. Entonces existen, como Ud., puede imaginar, roces y divergencias que yo diría de tipo político. Porque aquí lo que está pasando es que hay dos proyectos políticos, frente el uno del otro. El proyecto de los pobres que es vanguardizado por el Frente, independientemente de la opinión política que cada uno pueda tener, y el de la burguesía que intenta recuperar terreno y hacernos regresar. Es evidente que sobre esos proyectos no estamos de acuerdo. Reconocemos que el obispo es el obispo y es el pastor de su diócesis, pero constatamos que en materia política no es el más indicado, ni tampoco su ministerio lo pone en posición para imponerle al pueblo una opción política. El puede tener la opción política que él quiera, y yo creo que se le tiene que respetar; es la suya, con el análisis que él tenga y con los juicios que quiera hacer. Pero no hay derecho a imponérsela al pueblo, además de que el pueblo ha hecho su escogencia. Entonces creo que eso nos está acarreando dificultades.

"MUCHOS CLERIGOS FUERON LOS PRIMEROS QUE DIERON EL GRITO DE INDEPENDENCIA"

La Iglesia Católica y las protestantes se han movido en el seno del sistema capitalista, y eso hace que hayan asimilado valores que no son propios al Evangelio, que son propios al medio ambiente en que han vivido. Por ejemplo la Biblia no habla de la tierra como una propiedad privada; en el Génesis y a lo largo de toda la Biblia la tierra es de todos y para todos y el papel del ser humano es asumirla, someterla y ponerla a disposición de todos. Sin embargo, aquí ha habido sobresaltos de nuestra jerarquía, respondiendo a intereses de sectores privilegiados, en la defensa de lo que sería la empresa privada. Yo creo que esa es otra razón para comprender qué está pasando. Pero diría que hay un tercer elemento. Tradicionalmente la Iglesia ha asumido con atraso los avances del mundo ¿Ud. se acuerda como Galileo fue condenado? Y en Europa cuando viene la revolución industrial y la burguesía combate a la aristocracia decadente, la Iglesia estuvo contra la burguesía. Hablar de democracia en ese momento era casi un pecado mortal. Yo creo que eso no era muy consciente, era como visceral. Porque se habían acostumbrado a vivir en un tipo de sistema. Ahí nosotros constatamos cómo tardíamente la Iglesia recoge los planteamientos de los burgueses. Ahora que la burguesía está siendo empujada a cambiar, por lo que nosotros los cristianos llamamos la irrupción de los pobres en la historia y en la vida de la Iglesia, pienso que es una cuestión fundamental el profundizar la fe y la palabra de Dios, para ubicarla en el contexto histórico que vivimos.

Si nosotros vemos la historia latinoamericana en tiempos de la independencia, vemos que hubo gran participación de los clérigos. Pero ellos no fueron comprendidos en ese momento, fueron condenados. Pero la historia siguió adelante y la independencia fue asumida posteriormente por la Iglesia. Entonces nosotros esperamos que tengan tiempo para asumir lo que estamos viviendo. Eso no implica que su retraso en comprender deba tenerlo el pueblo de Dios, que en este continente mayoritariamente cristiano, ha comprendido su papel y las necesidades de transformación. Yo creo que somos herederos de una historia con tanto atraso, con tanto problema, y hubiera querido que las generaciones que pasaron no hubieran dejado tanto problema como nos han legado. Y creo que hay otro elemento para mí fundamental: en la vida de la Iglesia se está reflejando la sociedad que era, la que se va, que está muriendo, la de las clases dominantes y su poder económico. Y ahora que los pobres están irrumpiendo y están haciendo más presencia, y están diciendo cuál es la posición cristiana y su proyecto, que es un proyecto político también, entonces están dándole que hacer a los otros sectores. Entonces me parece normal que estemos viviendo un momento de conflictividad muy serio. Cuando lo leemos en la historia es fácil discutirlo y comentarlo. Pero nos ha tocado vivirlo, y no solamente con la carga que tendría al interior del país, sino agravado a nivel mundial por la cercanía de los Estados Unidos, y el hecho de que el imperialismo se da cuenta lo que significa que los cristianos comprendan al fin su papel. Creo que Estados Unidos, apoyando muy fuertemente a nuestras clases dominantes, ha jugado un papel determinante en la posición de algunos obispos a los que ha involucrado con propaganda y con temores, y colocándole cerca a personas para que le den una visión particular. Entonces, lo que estamos viviendo en este momento conflictivo, son dos análisis de la realidad, que conforman dos posturas ante el proceso; y eso es sumamente doloroso, porque nosotros sabemos que el

239

Señor quiere la justicia, y hubiéramos querido estar todos juntos en ello. Pero no nos quita la esperanza, al contrario, eso nos hace pensar que ojalá un día, como Monseñor Romero asumió la historia de su pueblo, también tengamos obispos que comprendan y que vivan con el pueblo. Tenemos que darle tiempo a la historia, pero evidentemente es un momento muy difícil.

"NICARAGUA EN ESTE PROCESO ES COMO UNA VITRINA"

En relación a las agresiones que vivimos, y que no son únicamente las armadas, a mí me gustaría detallarlas. Son militares directas, estamos viviendo la guerra, una guerra que consideramos inmoral e injusta. Estamos viviendo también una guerra silenciosa en el nivel ideológico. Este país ha sido penetrado por ser un país religioso por una cantidad enorme de sectas religiosas, que han pasado de 37 que eran antes del triunfo de la Revolución, a más de 300. Es interesante descubrir que la penetración de esas sectas se ha colocado en la zona Norte de Nicaragua y en forma de "T", con la barra hacia los departamentos montañosos como Matagalpa, Chontales y Jinotega, precisamente el lugar más álgido de las agresiones. Eso significa que ha habido todo un trabajo del enemigo, toda una penetración religiosa para preparar el terreno. Entonces creo que ese es un tipo de agresión que no es siempre muy conocida ni siempre muy tomada en cuenta. Pero en verdad eso existe y es sumamente inquietante, como objetivo para desmovili-

240

zar a nuestro pueblo metiéndole temores, y para encubrir también a la contrarrevolución, que por tener la ayuda de Honduras tan cerca, tiene una fácil cobertura religiosa.

Yo diría que ante esta agresión que es armada, que es ideológica por toda la campaña que se hace fuera de Nicaragua contra el proceso, nosotros decíamos que esta campaña ideológica es como una especie de lodo que se intenta hacer para cubrir una vitrina. Creo que Nicaragua es una vitrina donde se puede ver lo que los pobres pueden hacer si están juntos, y cómo un pequeño país puede ser independiente, puede ser digno. Y donde uno puede constatar también no solamente que las tierras por primera vez están en manos de los campesinos de Nicaragua, que se le devuelven históricamente, sino para mí como religiosa hay algo fundamental, y es que podemos constatar que la felicidad del hombre y la mujer, no necesariamente están ligadas a la cantidad de bienes materiales, aunque eso no quiere decir que nuestra opción es por la pobreza. Nosotros queremos que nuestro país sea partícipe de los bienes de este mundo y los pueda gozar, pero que todos puedan tenerlos.

Creo que la agresión es también religiosa, por la penetración de las sectas y por toda la campaña que la administración Reagan ha hecho no solamente en el continente sino en el mundo entero para encubrir sus intereses verdaderos. Frente a esta agresión inmoral, nosotros decimos que cualquier persona de buena

241

voluntad, cristiana o no, tendría que asumir una posición. Porque lo que está aconteciendo aquí no es siquiera lo que tradicionalmente se ha llamado una guerra. Tres millones de habitantes —que ni siquiera llegamos— frente a un poder tan inmenso como el de Estados Unidos. Eso ya es una masacre, una masacre que se va dosificando para no suscitar escándalo. Entonces yo creo que hay que hacer escándalo para que el mundo sepa que estamos siendo masacrados. Y como en el pasado se lamentaron tantos exterminios de sectores de la humanidad, yo pienso que no hay que esperar para después lamentarlo, sino que hay que prevenir. Ellos están tomando todas las coberturas posibles, ocupando territorio hondureño, acusando a Nicaragua de ser la agresora siendo nosotros la víctima. Yo diría que frente a esta agresión nosotros lo único que quisiéramos es un llamado al mundo, para decirles que si es verdad que amamos la vida, la tenemos que defender, si queremos la paz tenemos que apoyar un proceso que es de los pobres, independientemente del cual sea nuestro credo religioso o cuál tenga que ser nuestra opción política. Y yo creo que es una demanda a la solidaridad del mundo entero para venir y constatar lo que aquí está acaeciendo.

"YO PIENSO QUE ESO ES ESCANDALOSO"

Frente a esta agresión constatamos dolorosamente que al mundo entero se le ha querido hacer creer que lo que aquí está pasando es un conflicto Este-Oeste. Se ha querido decir que es interés de Rusia. Nosotros a

Rusia antes no la conocimos, lo que conocimos fue la gran dominación del somocismo; y lo que nosotros hemos conocido de Rusia y de otros países socialistas, pero de otros países capitalistas también, de Europa o Canadá, ha sido, bueno, de Rusia yo decía ayuda, hospitales, solamente ayuda. Entonces unas veces cuando tenemos ayuda de un país socialista, por mínima que sea, entonces se ha querido decir: miren ahí está el interés de los países socialistas y es que ellos van hacia eso, ocultando ayuda de otros países. Por ejemplo, cuando recibimos trigo de la Unión Soviética, no se señaló que nosotros habíamos recibido trigo de Canadá. Y entonces había como una sicosis de pensar que nos volvíamos pro-soviéticos por el pan en ese momento, y nadie dijo que estábamos comiendo trigo de Canadá, y eso parece ridículo. Y entonces lo que nosotros constatamos, es que se encubre el conflicto Norte-Sur con la famosa problemática Este-Oeste. Yo pienso que eso es escandaloso. Con eso se nos ha metido el mono a nosotros por siglos. Y con eso se le sigue metiendo pánico a la gente.

Nosotros constatamos con estas agresiones algo que es terrible pero que es verdad. Nunca pensamos que por querer mejorar los niveles de vida de nuestro pueblo, por querer más libertad y más dignidad, nosotros podíamos ser agredidos. En la moral tradicional se enseña que el que opta por el bien... bueno, necesariamente está todo aquello del premio, de la recompensa.

Constatamos que las agresiones están en relación con los logros que aquí se han alcanzado. A mí me parece que eso es algo que el mundo necesita conocer y ojalá se haga conocer. Yo diría que nuestro pueblo, ante estas agresiones, está dando la cara con mucha valentía y que nosotros volvemos a constatar lo que era verdad en la historia de la salvación, David enfrentándose contra Goliat con coraje y con medios sencillos. Nosotros somos un país con tan pocos recursos y tan agredidos económicamente también por la guerra que nos van quitando recursos. Creo que el pueblo ha comprendido que ésta es su oportunidad, que ésta es su esperanza, y yo diría que no está acompañando el proceso, yo diría que el pueblo de Nicaragua está viviendo con mucha valentía esta situación. Lo que no quiere decir que nosotros no necesitemos de la solidaridad del mundo. Porque mire, es triste, yo vivo en un barrio bien pobre, uno de los barrios más pobres de Managua, y es horrible tener que asistir cada día a entierros de jóvenes que podían ser una promesa para el futuro. También cuando uno se encuentra con las mamás, ante el dolor de ver a sus hijos caídos —jóvenes que se estaban preparando, por ejemplo el último que enterramos, era un muchacho que se estaba preparando para ir a la Universidad—. Yo diría que el pueblo de Nicaragua está viviendo eso con mucho coraje, con mucha fuerza. Evidentemente nosotros todavía tenemos sectores que han sido manipulados, que son víctimas de todo el pasado, que nos ha introyectado valores del somocismo, y que parte de la aparición del hombre nuevo en este país es precisamente la recuperación moral, pero que nuestro pueblo nos está enseñando qué cosa es vivir en cristiano y que cosa es vivir en humano, porque aquí la vida y la muerte han cobrado otro sentido, es decir, es bien importante para nosotros descubrir junto con los jóvenes que van a la frontera, como la muerte no es algo que se teme, sino que más vale morir por ser digno, por defender el futuro para otras generaciones, que vivir de cualquier manera. Por eso creo que las consignas que unas veces nos parecen que tienen nada más que carácter político, tienen un sentido profundamente cristiano. Por ejemplo "De pie o muertos, pero nunca de rodillas", si eso es lo que tenemos que vivir como cristianos. Es decir, hombres y mujeres de pie. Dios no quiere seres esclavos. Para ser libres nos hizo el Señor.

NICARAGUA
FUE INTERVENIDA
DIECISIETE VECES

La historia de Nicaragua, desde su independencia de España, puede definirse como la historia de las luchas de su pueblo contra las intervenciones extranjeras. Su territorio además ha sido usado como base para ataques a otros pueblos vecinos, para sacar y poner gobiernos, para retardar procesos y gestar agresiones. Su independencia de la Corona, al igual que la de las otras naciones centroamericanas data de 1821.

LAS INTERVENCIONES EXTRANJERAS

1847: Desembarcan las primeras tropas norteamericanas en San Juan del Norte.

1850: EE. UU. e Inglaterra firman el Tratado Clayton-Bulwer sin tomar en cuenta a Nicaragua y deciden arbitrariamente compartir el derecho de construir una vía interoceánica en el país.

1854: El descubrimiento del oro alienta las pretensiones norteamericanas sobre Nicaragua. La hidrografía privilegiada del país hacía posible la más fácil construcción de una vía interoceánica.

249

1855: Un grupo de mercenarios norteamericanos, con el beneplácito del gobierno, proclama Presidente de Nicaragua, al filibustero Willian Walker. Su primera decisión es establecer la esclavitud en el país.

1870: El gobierno de Nicaragua protesta ante el de EE. UU. por su intromisión en los asuntos internos del país, y exige una reparación por los daños causados en 1854.

1893: Lewis Hanke, representante norteamericano, interviene en favor del sector conservador contra el cual se ha levantado una rebelión popular en Nicaragua.

1907: Naves de guerra estadounidenses ocupan el golfo de Fonseca.

1909: El gobierno de Nicaragua, de orientación nacionalista, fusila a dos mercenarios norteamericanos que conspiran contra él. Estados Unidos responde con la "Nota Knox", en la que declara su derecho a intervenir en Nicaragua.

1910: Barcos de guerra norteamericanos intervienen e imponen un gobierno entreguista en Nicaragua.

1912: Los marines norteamericanos ocupan el país. Los patriotas resisten y muere el héroe liberal Benjamín Zeledón.

1914: Emiliano Chamorro firma con EE. UU. el Tratado Bryan-Chamorro, otorgando a éstos el derecho de construir el canal de Nicaragua.

1927: José María Moncada, Jefe militar del ejército que se enfrentara a la ocupación estadounidense, entra en conversaciones con el Secretario de Estado, Stepson. Sandino al frente del Ejército Defensor de la Soberanía Nacional, desconoce el pacto y se alza en armas. Tiene quinientos encuentros contra los invasores y sus aliados, logra la expulsión de los estadounidenses, pero éstos antes de abandonar el país dejan organizada la Guardia Nacional. Al frente de ella queda Anastasio Somoza García.

1934: Anastasio Somoza, por orientaciones del embajador americano Arthur Bliss Lane, planifica y ejecuta el asesinato de Augusto César Sandino.

1936: Somoza derroca al Presidente constitucional con apoyo de los Estados Unidos.

1947: Nuevamente Somoza derroca al Presidente Constitucional con apoyo norteamericano.

1960: La flota de EE. UU. que surca el Caribe, es movilizada para proteger a los gobiernos de Guatemala y Nicaragua ante un creciente descontento popular.

1972: Marinos norteamericanos llegan a Nicaragua, cuya capital ha sido devastada por un terremoto, para garantizar el régimen somocista.

NICARAGUA COMO BASE DE AGRESIONES

1948: *El régimen pro norteamericano de Somoza interviene con fuerzas armadas en Costa Rica.*

1954: *De Nicaragua parten contingentes mercenarios contra el gobierno democrático de Jacobo Arbenz.*

1955: *El gobierno de Somoza interviene militarmente en Costa Rica.*

1961: *De Puerto Cabezas, Nicaragua, parte la invasión a Playa Girón, Cuba, que compuesta por mercenarios es derrotada por las fuerzas de la Revolución.*

1965: *Somoza envía tropas, que encabezada por marines, intervienen en República Dominicana. Mercenarios contrarrevolucionarios capturados en Cuba, confiesan haber sido entrenados en Nicaragua.*

1966: *René Schik, presidente somocista de Nicaragua, en viaje a Estados Unidos, declara que su país puede servir de base para invadir Cuba.*

1967: *Somoza ofrece tropas de la Guardia Nacional para participar de la agresión a Vietnam.*

1968: *Agentes de Somoza participan en el derrocamiento de Arnulfo Arias en Panamá.*

INDICE

Pág.

NICARAGUA SE HACE ASI   5

"VIVIAMOS EN CONDICIONES MUY JODI-
DAS".   13

"NUESTRA REVOLUCION ES EN SI MISMA
SUBVERSIVA PARA LA DOMINACION IM-
PERIALISTA"   33

"SUFICIENTE PUEBLO HAY EN NICARA-
GUA"   61

"ELLOS SIEMPRE HAN ATACADO A LOS
VIGILANTES REVOLUCIONARIOS ALFA-
BETIZADORES Y MAESTROS"   77

"CUANDO TERMINO EL MORTEREO EL
ENEMIGO VENIA CON ARMAS DE
APOYO".   105

Pág.

LA REFORMA AGRARIA EN UN PAIS EMINENTEMENTE RURAL 115

TODO UN PUEBLO QUE SE LEVANTA PARA CREAR NUEVAS CONDICIONES . . . 127

"ESTA ES LA PAZ QUE NOSOTROS QUE-REMOS, ESTE ES EL PODER POPULAR" . . 143

LOS PELIGROSOS VINOS DE LA CIA 163

"LOS POETAS DE LOS TALLERES RESUL-TAN LA VANGUARDIA" 183

"ME PEGARON UN BALAZO EN LA ES-PALDA Y ENTONCES YA NO PUDE HA-CER NADA" 205

"PARA SER LIBRES NOS HIZO EL SEÑOR" 217

NICARAGUA FUE INTERVENIDA DIECI-SIETE VECES. 247